現代の法難①

愛別離苦《あいべつりく》

大川隆法
Ryuho Okawa

本霊言は、2011年2月21日、幸福の科学総合本部にて、
質問者との対話形式で公開収録された。

まえがき

「愛」を教えることは難しいことだ。

「愛」は時の流れの中で風化《ふうか》され、「独占欲《どくせんよく》」や「嫉妬《しっと》」、「執着《しゅうちゃく》」としてのみ、その姿をとどめることになるからである。

「道《みち》」を歩む者は、一時期、悲しみの涙を目にためることもあるが、やがて、何事もなかったかのように「悟りの山」を登ってゆくだろう。

愛する者とも、必ず別離《べつり》の時が来る。

釈尊《しゃくそん》はその苦しみの中で悟りを開いた。

歴史は繰り返される。

二〇一一年　二月二十四日

幸福《こうふく》の科学《かがく》グループ創始者兼総裁《そうししゃけんそうさい》　大川隆法《おおかわりゅうほう》

現代の法難①　目次

第2章 大川隆法 家庭と伝道を語る

第1章

エドガー・ケイシーのシークレット霊言

二〇一一年二月二十一日　霊示

エドガー・ケイシー（一八七七～一九四五）

アメリカの予言者、心霊治療家《しんれいちりょうか》。「眠《ねむ》れる予言者」「20世紀最大の奇跡《きせき》の人」などと称《しょう》される。催眠《さいみん》状態で、病気の治療法や人生相談等について数多くの「リーディング」を行った。エドガー・ケイシーの魂《たましい》の本体は、医療系団の長であるサリエル（七大天使の一人）であり、旧約の預言者イザヤとしても生まれている（『永遠の法』『大川隆法霊言全集 第34巻』参照）。

［質問者三名は、それぞれA・B・Cと表記］

1　宗教的には「元妻」になっている大川きょう子

問題の根底にある考え方の相違《そうい》

大川隆法　私の家庭内の問題で、信者のみなさんにも、現在進行形で、だいぶ迷惑《めいわく》をかけていると思っています。

私のほうが外向きの仕事を中心にそうとうやっているので、家のなかのことを十分に処理し切れていない面もあり、問題も、多少、噴出《ふんしゅつ》しております。大川きょう子が外部に出ていって、週刊誌とか、裁判所とかにかかわるような騒動《そうどう》が起きているようです。

ただ、法律的には、まだ手続きができていないのかもしれませんが、宗教的には、すでに「元妻」にはなっていると思うのです。

主として、考え方の相違《そうい》から来ていると思いますが、基本的に、向こうの考えは、「幸福の科学というのは、大川隆法と大川きょう子の共同教祖形態、共同経営で成り立っているものである。その意味において、自分には権限、権力が半分あり、成果や実績についても、半分は自分のものである」という考えをお持ちなのだろうと考えます。

ですから、個人的な財産についても、あるいは教団財産や、いろいろなものについても、半分は自分の功績であるというように考えているように思います。

「そうであるにもかかわらず、教団のほうの扱《あつか》いが悪い」ということですね。弟子《でし》の一人のような扱いを受けて、「所払《ところばら》い」を受けようとしていることに納得がいかないと言って、今、あちこちで暴れているように感じます。

「エル・カンターレ信仰《しんこう》への一本化は弟子《でし》の陰謀《いんぼう》だ」と考えている

その元を辿《たど》れば、「自分の過去世《かこぜ》が、文殊菩薩《もんじゅぼさつ》であり、アフロディーテであり、ナイチンゲールである」ということで、二十年近く、教団内部で一種の信仰《しんこう》のようなものを立てさせてきたところがあります。それで、文殊館や文殊堂も建てたけれども、結局、名称《めいしょう》が変更《へんこう》されて、名前を外されたため、神様に成り損ねたというようなところでしょうか。信者にも信仰させようとしていたのに、梯子《はしご》を外されたため、怒《いか》りが収まらないということかと思います。

そのように、「『夫婦神』風《ふう》に信仰させようとしていたところを外されて、『エル・カンターレ信仰』に一本化されていったのは、弟子《でし》によるクーデターだ」という考え方を持っているのです。

つまり、「弟子の陰謀《いんぼう》により、自分は外された。だから、正しい姿に戻《もど》さねばならない」「そういう悪いことを企《くわだ》てた弟子たちを、当然、公開霊言《れいげん》ならぬ〝公開処《しょ》刑《けい》〟して、みな消し去るべきであると同時に、自分に帰依《きえ》する人だけで固めて教団運営をすべきである。また、罪を犯《おか》した夫は飾《かざ》りにして、実質上、自分で仕切っていきたい」ということだろうと思います。

そして、おそらく、「妻である自分のことを悪く言い、蔑《ないがし》ろにするようになったということは、夫は、すでにボケたか、悪魔《あくま》にでも入られたか、どちらかしかありえない」と、そのように考えているのだろうと思いますね。

人の気持ちが分からず、自分の考えだけを主張する傾向《けいこう》がある

宗教の立場としては、こういう言い方はあまりしたくないのですが、医学的に見ると、ある意味では、「アスペルガー症候群《しょうこうぐん》」的な人なのではないかなと、私はずっと思ってはいたのです。

これは、高機能自閉症というもので、別に、全部が悪い意味ではなく、天才的なひらめきや才能を出す場合も多いのですが、人間関係において、ほかの人の気持ちや考え方が分からず、自分の考えだけを一生懸命《いっしょうけんめい》に主張する傾向《けいこう》があるのです。

正義感は非常に強いので、自分が「正しい」と思うことについては徹底的《てっていてき》に主張し続けるのですが、「ほかの人がどのように感じているか」については分からず、

「自分がどう感じるか」だけしか考えないタイプなのです。それは、急にそのようになったのではなく、もとからそういう人であったことは分かっていたのです。

そのため、「相手にしないほうがいい」と勧《すす》める人もけっこう多く、向こうの言っていることについて、特に反論もしないで放っておいたわけです。「大人の態度で放っておけば、そのうち沈静化《ちんせいか》します」と、弁護士やその他の人が言うので放っておいたのですが、信者のみなさんのなかには、疑問に思う方もいらっしゃるでしょう。

また、自分の要求が通らないために、不満を募《つの》らせてだんだんエスカレートしてくるところもあるだろうと思うので、多少、こちらの側からも、言うべきことは言っておかなければいけないかなと思います。

あちらから一方的に、自分のほうの悪いところは全部隠《かく》して、宣伝だけをずっとされると困ることもあろうかと思うし、「奥《おく》さんという立場だったら、当然、全部を知っているだろう」と、世間の人は信じるところもあるでしょうから、多少、カウンターとして何か要《い》るのではないかと思います。

2　これまでの経緯《けいい》を振《ふ》り返る

「アフロディーテ、文殊《もんじゅ》、ナイチンゲールの過去世《かこぜ》」は認定されていない

大川隆法　その一つとしては、「過去世《かこぜ》リーディング」のところが、やはり、ポイントだと思うのです。

本人は、「自分の過去世は、アフロディーテ、文殊《もんじゅ》、ナイチンゲールである」ということで、ずっとやってきてはいるのですが、実は、これは私が認定したものではないのです。

大川きょう子が幸福の科学の会員になったのは、一九八七年の夏で、会員番号は確か七百番台だったと思います。それで、一九八七年十一月二十三日前後に茨城《いばらき》の

大洗《おおあらい》で行われた第二回研修会に参加したのです。

そして、「研修を受けて帰ったあと、霊的《れいてき》な現象というか、霊道《れいどう》が開《ひら》けて、自動書記のように言葉が出てきた」ということで、その内容を分厚い手紙に書いて幸福の科学の事務所に送ってきたのが最初です。それは、十二月初めぐらいでした。

事務所のほうから、それを私のところに持ってきたのですが、そのなかに、「自分の過去世は、アフロディーテであり、文殊菩薩《ぼさつ》であり、ナイチンゲールである」ということが一生懸命《いっしょうけんめい》に書いてあったわけです。

さらには、かなり露骨《ろこつ》に、「自分は大川隆法と結婚《けっこん》することになっているのだ」というようなことまで書いてありました。「このとおり、霊言《れいげん》が出ているのだから、結婚すべきだ」という感じの持っていき方であったのです。

事務所での最初の面談で〝泣き脅《おど》し〟される

そこで、「とりあえず、事務所で会ったほうがよいのではないか」ということになりました。当時は、事務所を貸してくれていたオーナーで、会員ナンバー一番になった女性と、事務所のアルバイト職員が二名しかいない状態だったのです。一人は今でもまだ教団に残っていますが、彼は大事な証人ですね。

それで、いちおう会うべきだということで、一時間ほど面談をしたのですが、そのときに私が、冷たくあしらってしまったのです。

「こういう霊的な現象というのは、非常に不確かなものなので、冷静でなければいけない。もう少し冷静に判断して、対応しなければいけない。霊的な現象が出たからと言って、即《そく》、飛びつくようなことではいけない。慎重《しんちょう》に内容を検討しなければいけないよ」というような感じで、冷たくあしらったのです。

そうしたら、事務所で、「ギャー」っと泣き出したので、参ってしまいました。職員も二人、別室で控《ひか》えていたので、ギャアギャア泣かれるのは、やはり、ちょっと格好悪いわけです。

要するに、自分の霊言のなかで、「大川隆法と結婚する」と書いてあるのに、私にそれを否定されたような結果になったので、面談で「ギャー」っと泣いたのですが、これは〝泣き脅《おど》し〟という脅迫《きょうはく》だということを、そのときは十分に分かっていなかったのです。女性に泣かれるというのは、やはり怖《こわ》いものだったので、それで、「まあ、まあ」と言って、その場を収めて、別れたのです。

「霊体質《れいたいしつ》になったことへの責任を取れ」と言って結婚《けっこん》を迫《せま》られる

そのあと、向こうは、私の自宅のほうに、二回ほど、速達で手紙を送ってきて、追撃戦《ついげきせん》に入ってきました。「幸福の科学の研修会に出たら、心の窓が開いてしまい、霊現象《れいげんしょう》が起きて、こうなったのだから、責任を取れ」というわけですね。

「あなたの話によれば、こういう状態になったら、あとは、悪霊《あくれい》が見えたり、精神病院行きになったりするという話ではないか。それならば、もう、嫁《よめ》に行ったほうが、自分にとっては安全だから、責任を取って引き取れ」ということで、二回ほど速達で手紙が来たのです。

その手紙には電話番号等も書いてあったため、しかたがないので電話して、渋《しぶ》谷《や》で会いました。当時、私は「主宰《しゅさい》」と呼ばれていましたが、そのときに、「実は、今日は、主宰とデートするということを、他の信者にも言ってあるのだ。だから、全部に広まっているので、もう逃《に》げることはできないぞ」ということで、外堀《そとぼり》まで埋《う》められてしまい、「ああ、そうですか……」というような感じだったのです。

結局、「研修会に出て、霊体質になったことの責任を取れ」ということで、結婚《けっこん》したようなところがあるわけです。私は、そういう責任を感じるほうではあったのですが、その内容については、一部、『若き日の妻へ』（宗教法人幸福の科学刊。現在は絶版）のなかで、「五時間も押《お》し込《こ》まれた」ということが書いてあるとは思います。

だから、あまり、喜んで結婚したという感じではなかったことは事実です。

“強制移住”してきて「入籍《にゅうせき》」を迫《せま》られる

その後、向こうのマンションにも、一回、視察に行ったのですが、ちょっとショックを受けるぐらい汚《きたな》かった。要するに、掃除《そうじ》ができない人だったのです。あまりの汚さで、ゴキブリ館《やかた》のような所でした。

さらに、「この部屋だけは開けてはいけない」と言うので、「どうして開けてはいけないの?」と訊《き》いたら、「そこには、もう一カ月間洗っていない下着の山があるから、開けてはいけない」と言うのです。本当にひどくて、幻滅《げんめつ》しました。

あとは、トイレも、「何だか、汚いな」と思ってよく見たら、便器カバーの裏側にびっしりと跳《は》ね返りが付いているのです。私としては、もう、どうしようもないほどの幻滅ではあったのですが、私は、いったん約束をしたら、なかなか破らないタイプの人間なので、「人というのは、変化するものだから」と思って我慢《がまん》に我慢を重ねました。

また、「幹部たちに相談したら、反対されるだろう」ということもあって、向こうには、そうとう焦《あせ》っていたところもありましたし、先方のご両親のほうには、「私のほうから無理やり結婚を申し込まれたような言い方をさせる」という策を、きょう子が弄《ろう》したりもしました。

それから、向こうは、そのとき大学四年生だったのですが、「卒業レポートを書き終わった」ということで、荷物を持って私の家に乗り込んできたのです。よく「手鍋《てなべ》提《さ》げても」とは言いますが、本当に布団《ふとん》を持って入り込んできたのです。まさに、〝強制移住〟してきて、乗っ取られたような状態でした。

それで、「入籍《にゅうせき》もしろ」というような感じになり、生活が始まったわけです。

結婚式《けっこんしき》前に経験したさまざまな葛藤《かっとう》

結婚式《けっこんしき》は四月だったのですが、その結婚式の前に、今度は「離婚《りこん》しろ」という話が何度も出たのです。実は、二月か三月ごろに、向こうのほうが、役所から離婚届を持ってきて、「嫌《いや》だったら、これを書いて出せ」と言うようなこともありました。そういう短兵急《たんぺいきゅう》な方ではありましたね。

ときどき、向こうは、自分のマンションに逃げて帰ったりすることもありましたが、こちらのほうは、本当は、十分に納得はしていなかったのです。そのように、何か、自分一人で考える傾向のある人でした。

また、前にも少し述べたことがありますが、本当は、私が結婚を考えていたのは別の人であったのです。向こうはそれを知りながら横取りしてきたわけです。

このように、あまりいい性格ではないということは分かっていたのですが、それよりも、「霊的な現象が起きたことについて責任を取るべきだ」という責任論で、「嫁にもらえ」と押し込んできたわけですね。

本当は、結婚式前に、「やはり断ろう」と、何回か思ったこともありました。私は臭《にお》いにとても敏感《びんかん》な体質だったのですが、当時の彼女は、かなり口臭《こうしゅう》の激しい人だったのです。あとで、少しましにはなったのですが、もう、倒《たお》れそうになるぐらい臭《にお》ったため、それが嫌で断ろうかと何回か思ったのです。しかし、「こんなことで断ってはいけないかな」と思って、我慢して結婚したわけです。

そのうち、子供もできたりしたので、子供がかわいいということもあって、忍耐《にんたい》を続けているうちに、けっこう時間が経《た》ったという感じでしたね。

十年間、行事ができなくなった理由

ただ、その間、不自由に思ったことは、けっこうありました。向こうは、基本的に、遊びを中心にスケジュールを組み立てる方であり、仕事よりもそちらのほうが優先だったのです。それから、もちろん、家庭や子供のほうが仕事よりも優先だったので、仕事の予定を入れても、すぐにキャンセルになることがありました。家庭の事情のほうが優先で、遊びとか、自分が食事をしたくなったとか、そんなことを優先して、仕事がキャンセルになるようなことがあり、幹部が呆気《あっけ》に取られるようなこともよくあったと思います。

そういう意味では、かなりのわがままは言っていたと思うのですが、私自身、そうとう我慢してきたと思っております。

そういうことで、子供もできたため、我慢しなければいけないとは思っていたのですが、だんだん、「自分が仕切らなければ、教団を動かせない」というようなスタイルをつくってくるので、とてもやりにくくなりました。

要するに、男性が全部、家内の部下のようにされてしまい、幹部のほうも、家内を通さなければ私の考えを把握《はあく》できないような状態になったのです。それで、私が考えていることと違《ちが》うことをたくさん発信されるため、よく教団が混乱して、どちらが本当か分からないようなことが長らくありました。

特に、子供を産んで大変ではあったのだろうと思いますが、妊娠《にんしん》・出産があるような時期には、「仕事をしてはいかん」というような感じになるわけです。要するに、「自分が仕切らなければ教団を動かしてはいけないことになっている。自分がこんなに大変な妊娠・出産の時期を迎《むか》えているのだから、仕事をするな」ということですね。

そういう状態が延々と続いていって、四人目までは我慢しましたが、五人目ぐらいでとうとう我慢ができなくなったのです。「私だって、講演会をしなければいけない。仕事をしなければいけないのだ」ということで、五人目あたりのときに、ちょっと秘書を使って行事をしようとしたのですが、そのあたりで、かなりの激戦になりました。

結局、子供が小さかったこともあって、私のほうが折れるかたちになり、その後、十年間も〝沈黙行《ちんもくぎょう》〟に入りました。当時の幹部たちも、だいぶ、家内の手下となっていましたし、宗務《しゅうむ》本部も、かなり家事労働者と化したところもあって、そちらのほうに味方をする者が多かったため、私のほうは、十年間、はっきり言えば、やや、やる気のない状態ではあったと思います。最低限、働いているような状況《じょうきょう》で、プラプラとやっているような状態でした。

向こうは、自分が経営をしているような気持ちでいたかもしれないと思いますが、そのようなことが多かったと思うのです。

二〇〇七年から不惜身命《ふしゃくしんみょう》で巡錫《じゅんしゃく》を始めた

その後、途中《とちゅう》で一回、体調が悪くなって死にかけたこともあったのですが、そこから、また回復しました。私としても、やはり残された時間を無駄《むだ》にしたくはありません。自分に残された時間で、自分の本来の使命を果たさなければいけないのです。そこで、その十年後に、とうとう、「向こうに合わせていてはできない。これからは、一切、妥協《だきょう》せずに、自分のすべき仕事を完成する」ということに踏《ふ》み切って、二〇〇七年から巡錫《じゅんしゃく》等を始めたわけです。

それは、今までの考えとかなり違ったので、向こうもそうとう激しく反応しました。それで、私や教団のほうと対立するような関係になってきたのかもしれません。特に、宗務本部のほうが、今度は、総裁が仕事をできるように家内をブロックしに入ってきたため、それで教団を敵視するような感じが出てきたのです。

五人の子供たちは、みな父親の側《がわ》についている

この間、私は子供を五人育てていったわけです。普通《ふつう》、子供というのは母親の側《がわ》につくものですが、子供たちは、物心《ものごころ》がついてからあと、どの子もどの子も、「母親のほうがおかしい」と言い出したのです。

私は、「向こうのことがおかしく見えるのは、自分だけが特殊《とくしゅ》なのかな」と思っていたのですが、子供たちは、五人が五人、みな、「母親のほうがおかしい。父親の仕事を中心にやらないのはおかしい」と言い出したのです。五人がみな狂《くる》っているわけでもないでしょうから、「やはりそうだったか」と思いました。

そのように、子供が大きくなってきて、みな、私の味方になってきてくれたのです。母親は、「自分のほうにつくべきだ」と思っていたでしょうが、そちらには誰《だれ》もつかずに、みな離《はな》れていきました。物心がついて、大人になればなるほど、離れていったという感じです。

それに伴《ともな》い、「小さい子供がいることを担保にして、自分の仕事をする」ということができなくなってきて、仕事として独立させなければいけなくなったわけですが、以前は、ここを調整できるような人はいなかったのです。

さらに、当会の職員たちも、お手伝いレベルとして使うというよりは、もう少し見識があり、仕事のできる人たちが多くなってきたのです。彼らが、きちんとした仕事がないと我慢できなくなったことで、対立が激化したところもあるかと思います。

そのように、本人としては、「自分はものすごく貢献《こうけん》した」「自分がほとんど切り回した」というような気持ちを持っているのでしょうから、教団が狂い、非常におかしくなって、自分が弾《はじ》き出されたように思っているかもしれませんが、こちらのほうも、そうとう我慢したところがあるし、子供のほうからは、「優《やさ》しすぎる」とそうとう注意をされたこともあります。そういうところもあるため、責任はあるかなとは思っております。

正式な「過去世《かこぜ》リーディング」をすべきときが来た

特に、今、教団として反省すべき点としては、最初に、向こうが、「研修会に出て、心の窓が開いた。自分は、アフロディーテだ。文殊だ。ナイチンゲールだ」と言ったときに、それについて何も言わず、そのまま言わせておいたということです。そのため、自分で月刊誌にも書いていたわけです。

しかし、私のほうも、二十年間ぐらい、アフロディーテなるものの霊言が全然降りてこないので、「不思議だな」と、ずっと思っていたのです。

ただ、『霊界散歩《れいかいさんぽ》』（幸福の科学出版刊）という本を出したときに、霊界の美の女神の世界でアフロディーテが踊《おど》っている話が出ているため、「これは、ちょっと、矛盾《むじゅん》していてまずいかな」と思いました。「霊言が出てこないのに、霊界で踊っているというのは、ちょっと矛盾しているかな」と思ったことが、一回、あったのです。

基本的に、アフロディーテなるものが、私にコンタクトしてきたことがなかったので、「本人がその生まれ変わりだ」ということに、いちおうしておいたのです。本当は、「おかしいな」とは思っていたのですが、最近のいろいろな霊言によって、そのへんの複雑な事情が明らかになりつつあると思います。

ただ、そのような〝過去世《かこぜ》〟で月刊誌に連載《れんさい》もしていたし、自分への信仰《しんこう》のようなものを求めていたところもあったでしょう。

また、二〇〇〇年代に私が病気をしたとき、いったんは後事《こうじ》を託《たく》そうと思って、いろいろと向こうを持ち上げたりしたため、すっかり二代目総裁になるつもりで準備をしていたようです。しかし、私が元気になって、また元どおりに戻《もど》ってしまったので、そのへんのところが納得いかないでいるのです。

それで、私とも競争しているし、子供たちとも二代目競争をしているし、幹部たちとも競争しているというかたちになっています。結局、すべて競争している方なのではないかと思うのです。

本人の〝過去世リーディング〟のところは、私が正式に認定したものではなかったので、触《ふ》れないことにしていたのですが、今日は、ここのところについて、「正式にはどうなのか」ということを、一回、調べてみたいと思います。

今までであれば、これは絶対に許されないタブーであって、こんなことをしたら、私は即座に〝打ち首〟にされるような（笑）恐《おそ》ろしいことでした。一言も語れなかったことですし、調べることさえ絶対に許されないことでしたが、今日、エドガー・ケイシーのほうから、「エドガー・ケイシーの責任において、リーディングをしてもよい」という言葉がありました。

この部分は、わりに大きな柱だと思います。「大川きょう子は、本当に、そういう称《たた》えられるべき存在だったのか。あるいは、私の片腕《かたうで》、共同教祖的な立場に立つべき人であったのかどうか」。これは、やはり大事なことであり、教団として、そこが不誠実であったのならば、そこをきちんとしなければいけないと思うのです。

あちらのほうは、〝言論の自由〟を持っているので、週刊誌であろうが、何であろうが、好きなように言うであろうと思いますし、うちのほうは、「ただただ耐《た》え忍《しの》ぶのみ」というやり方もありますが、いちおう、宗教的に調べるべきところについては、きちんとやっておいたほうがよいのかなと思います。

あちらとしては、「自分が否定されるぐらいなら、この教団は、カルト教団として殲滅《せんめつ》してしまったほうがいい」というような気持ちをお持ちのようですが、その正当性の根拠《こんきょ》は、やはり、その過去世のところにあると思います。

この結婚《けっこん》を勧《すす》めた霊人《れいじん》は、ＧＬＡ・高橋信次《しんじ》霊ただ一人

ついでに、付け足しながら述べると、「結婚《けっこん》する前、代々木公園を散歩したときに、『結婚せよ』と勧《すす》めた指導霊《しどうれい》がいた」という話を以前にしたことがありますが、それは高橋信次《しんじ》霊です。結婚を勧めていたのは、この高橋信次霊一人だけなのです。

当時、彼の霊言集を出し始めていたので、彼は、私に恩を売って、自分の霊言集を出させ続け、あわよくば、幸福の科学をＧＬＡ教団の変化形にして乗っ取ろうとし

ていたのかなという感じを持っています。

その霊人が結婚を勧めたにもかかわらず、逆に、大川きょう子のほうから、「嘘《うそ》をついた」ということで途中でぶち切られ、指導霊からはずされています。まあ、変な関係です。

ちなみに、結婚するときに、証人として名前を書いた二人の幹部は、そのあと、二人とも、この人に教団を追い出されて消えています。それで、彼らが、「フライデー事件」のときの告発者となって出てきたのです。

だから、けっこう裏切るタイプなのです。利用したあとは裏切る傾向のある人だと思いますね。本来、感謝して、恩を感じるべきところを、自分の支配権が及《およ》ぶように、全部、取っていくところがあります。そういうところがあって、初期の幹部は、みな、消えているという状況です。自分より前にいたということが許せないところがあったように思いますね。

前置きが少し長くなりましたが、情報としては必要だと思います。

3　大川きょう子の「本当の過去世《かこぜ》」を探る

白紙の状態で「過去世《かこぜ》リーディング」を試みたい

大川隆法　それでは、エドガー・ケイシーを呼んでみます。

大川きょう子の過去世《かこぜ》については、ほかの霊言《れいげん》でチラッと出ているものもあることはあるので、それと矛盾《むじゅん》するかもしれないし、しないかもしれませんが、それは抜《ぬ》きにして、いちおう白紙の状態で過去世リーディングをやってみます。

今まで言ったことと矛盾しているかもしれないし、もしかしたら、「本人が言っていたとおりだった」と言うかもしれません。それは分かりませんけれども、一回、リーディングをかけてみます。

今まで、生きている人の守護霊《しゅごれい》の霊言なども本にして出していますが、今のところ、名誉毀損《めいよきそん》で訴《うった》えられたりはしておりません。しかし、いちばん私の近くにいて、霊言収録などを手伝っていた人が、自分の守護霊霊言に関してだけは、「名誉毀損だ」と言っているような状況《じょうきょう》ですので、いちおう調べてみようかと思います。

ちなみに、「あなたは、過去世で他の星の〝イボガエル〟だった」と言われても、名誉毀損で訴えたりしない、そういう心の広い方も世の中にはいらっしゃいます(会場笑)。十分に名誉毀損に当たり、社会的名誉が大いに低下したかもしれないのですが、私は、霊的に感じるままを述べているだけで、別に、特定の人を貶《おとし》めようという気持ちでは言っていないのです。

最初はショックかもしれませんが、リーディングで、次々に、いろいろなものが出てきて、あっちもこっちも〝変なもの〟がうじゃうじゃしてくると、「そういうこともありうるな」という感じがしてきて、みな、あきらめの境地に入っていると思います。それほど、創造物というのは多様だということですし、また、変化を許されているところもあるということですね。

それでは、行けるところまで、リーディングしてみましょう。

（額の高さで合掌《がっしょう》する）

エドガー・ケイシーの名において、大川きょう子の過去世《かこぜ》リーディングに入ります。エドガー・ケイシーの名において、大川きょう子の過去世リーディングに入ります。エドガー・ケイシーの名において、大川きょう子の過去世リーディングに入ります。

（約十秒間の沈黙《ちんもく》）

ケイシー　ケイシーです。

Ａ――　ケイシー様、本日は、ありがとうございます。

ケイシー　はい。うーん。ま、ちょっと遅《おそ》かったかな。

Ａ――　ケイシー様におかれましては、以前に一度、大川きょう子氏の過去世について、少し教えていただいておりますけれども、今日、改めて、深くお聴《き》かせいただきたいと思います。

文殊《もんじゅ》は大川きょう子の過去世《かこぜ》ではない

Ａ――　現在、きょう子氏は、さまざまな週刊誌などで、いろいろなことを言っておりますが、そのなかで、「文殊《もんじゅ》が自分の守護霊《しゅごれい》である」、つまり、「自分の過去世《かこぜ》の一つは、仏弟子《ぶつでし》であった文殊である」というように言っております。これが事実であるかどうかという点から、まずお伺《うかが》いしたいと思います。

よろしくお願いいたします。

ケイシー　まあ、正直申し上げまして、文殊菩薩《ぼさつ》というのは男性なんです。もちろん、「転生《てんしょう》の過程で女性になる」という可能性はないわけではないのですけれども、文殊菩薩として生まれたときの性別は、男性です。

ですから、そのへんについては、大川隆法総裁は、おそらく、ある程度感じていたのではないかと私は思います。『太陽の法』の新版を書くとき（一九九四年）に、〝男装の麗人《れいじん》〟というようなことにして、そのへんの辻褄《つじつま》を合わせておられましたが、文殊菩薩は男性です。「女性であった」という事実はありません。

A――　そうしますと、この文殊という方は、釈尊《しゃくそん》がご在世《ざいせ》中の弟子であったということでございましょうか。

ケイシー　うーん。「この文殊」というのは、向こうが騙《かた》っている文殊ということですか。

A――　いや、今のお話に出てきました男性の文殊のことです。

ケイシー　文殊菩薩ですか。いえ、釈迦《しゃか》時代の人ではなく、それよりは、少し時代が下ります。

A――　釈尊が帰天《きてん》されたあとの弟子であるということですね。

ケイシー　そうですね。特に、南インドで仏教が流行《はや》ってきて、在家《ざいけ》運動になってきたときの文殊ですね。

A――　はい。

原始釈迦仏教《しゃかぶっきょう》を蔑《さげす》む在家《ざいけ》運動の男性リーダーだった文殊菩薩《もんじゅぼさつ》

ケイシー　ただ、仏教のなかでも、経典《きょうてん》というのはそうとう創作されているものがございまして、在家《ざいけ》主体の運動を正当化するために、いろいろな経典がつくられています。まあ、偽経《ぎきょう》と言えば偽経なのですが、中国だけではなく、インドにおいても、偽経としてつくられているものが、いろいろございます。

南インドを中心に、「般若経典《はんにゃきょうてん》」系統等の、いろいろなお経がつくられましたけれども、その内容のほとんどは、もちろん、後世の仏弟子作ではあります。内容的に言えば、釈迦《しゃか》の八正道《はっしょうどう》的な考え方を全部否定する内容が入っているように、少なくとも、彼らは、釈迦と面識のあった時代の人たちでないことは確実でございますね。だから、内容が分からなくなって、逆転してきているものであります。

あとは、『維摩経《ゆいまぎょう》』のように、「釈迦の十大弟子が、維摩詰《ゆいまきつ》という在家の人に全部言い負かされ、最後に文殊菩薩《もんじゅぼさつ》が出てきて、引き分けで終わった」というように書かれたものもありますが、これなどは、「在家の菩薩のほうが偉《えら》い」ということを宣伝するためにつくられた経文ですわね。

維摩も在家の人ですし、文殊も在家の人ですよね。そのように、「出家《しゅっけ》の十大弟子はみな駄目《だめ》だった」ということが書かれているようなものが読まれています。

つまり、そういうものが盛《さか》んにつくられた時期があったということですね。その頃《ころ》には、原始の釈迦仏教を信じていた人たちや出家修行者たちを「小乗《しょうじょう》」と蔑《さげす》んで呼び、「自分たちはそれとは違《ちが》う、『大乗《だいじょう》（マハーヤーナ）』なんだ。大きな乗り物なんだ」と言って、「小乗を蔑む運動」が起きていた。

それだけのずれが起きたということは、やはり、その間の年数に、少なくとも、二、三百年の差があったと見てよいと思いますね。

釈迦時代の弟子、および、その釈迦の教えを直接受けた人が生きているときに、教団の教えを受けていた人の時代が、やはり原始仏教の時代と思われますけれども、それがいちおう核《かく》になっているのは〝小乗仏教〟であるし、南のほうに広がっていった仏教の一つかと思いますね。

文殊菩薩は、そうした在家運動のなかのリーダーの一人であったことは事実ですけれども、性別は男性です。ネパールなどにも、文殊信仰《しんこう》がそうとうありますが、ネパールに現れたということになっている文殊も、おそらく男性のはずです。性別としては、男性として認識されています。

ただ、後世の石窟寺院《せっくつじいん》などのレリーフのなかには、女性の菩薩等も、そうとう描《えが》かれています。踊《おど》る菩薩たちですね。そのようなものが描かれており、ヒンズー教と混交していっている面がかなりありますので、その意味で、そうした女性霊に勘《かん》違《ちが》いされるような向きも、一部にはあったかもしれません。

一方、中国や日本など、東洋に伝わっている文殊絵図《えず》のなかには、髭《ひげ》が生えている文殊もかなりありますので、やはりどちらが本当かということですが、名詞としての「マンジュシュリー（文殊）」というのは、男性名詞であり、男性であることを意味しています。

A——　ありがとうございます。

以前、「文殊との対話」が行われたのですが、その対話のなかでの「文殊」は、仏陀《ぶっだ》への信仰があるとはとても思えない言動でございました。つまり、「仏教をつくったのは、事実上、自分なんだ」と言っていたのです。

そうしますと、今、ケイシー様から、指摘《してき》していただき、教えていただいた、「釈尊の三百年後の在家運動の文殊」が、やはりその人であったということですね。

ケイシー　いや、違いますね。

そうした「在家運動で原始仏教を批判していた」という流れを踏《ふ》まえて言っていることは間違いないでしょう。いちおうそういう事実はありましたが、それは、釈迦の考え方が分からなくなってきたからです。

要するに、ほとんど口伝《くでん》ですのでね。あとは、もちろん、「貝葉経典《ばいようきょうてん》」もあったようですが、釈迦の考え方を現実に確認できなくなっていた人たちが、哲学化《てつがくか》した議論をどんどん進めていったのです。

そうした哲学者たちが出てきて、いろいろと議論を組み立てていたわけですが、文殊菩薩は、そのなかの一人であったことは事実です。

そういう原始仏教や十大弟子等を批判するような運動があったということをいちおう知った上で、「在家が偉い」という考え方を自分の考えに引き寄せて騙《かた》っている者がいたということでしょうね。

「信仰心《しんこうしん》のない文殊菩薩《もんじゅぼさつ》」などあり得《え》ない

Ａ――　そうしますと、今、ケイシー様が教えてくださった、その時代の文殊《もんじゅ》は、在家運動のなかで、いちおう、きちんとした信仰心《しんこうしん》は持っていたということですね。

ケイシー　ですから、その教えが釈迦の教えと一緒《いっしょ》かどうかということについては、現代のように、書籍《しょせき》やＤＶＤ、ＣＤなどで正確に遺《のこ》っているような時代ではないので、誤解するということはありえるし、変容することはありえても、「信仰心のない文殊菩薩《ぼさつ》」ということはもちろんあり得《え》ない。

仏弟子というのは、釈迦以来二千五百年、仏陀への信仰に関しては、いちおう揺《ゆ》らいではいないんですよ。「仏陀よりも、仏弟子のほうが偉い」と言ったのは創価学会ぐらいしかないのです。

「日蓮《にちれん》のほうが、釈迦より偉い」と言ったのは、創価学会でしょう？　それぐらいしかないのです。「釈迦以降に、釈迦より偉い仏弟子は存在しない」というのは、仏教の基本的な認識です。

それはほかでもそうですね。哲学のほうでも、基本的には、「ソクラテス以降に、ソクラテスより偉い哲学者はいない」という考えでございます。

ですから、仏弟子は数多く出たし、例えば、天台大師《てんだいだいし》のように、「震旦《しんたん》の釈迦」

「中国の釈迦」と言われたような人がいても、「自分のほうが釈迦より偉い」とは、言ってはいないのです。

「仏弟子であることを任ずる」というのは、「釈子《しゃくし》（釈迦の子供）である」ということでもあるので、釈迦への信仰心がないというわけではありません。「どの考え方が本物だと思うか」という、その説をめぐって議論がいろいろと分かれていったのです。

要するに、部派仏教になっていったのも、「どの教えが釈迦の本当の教えか」ということをめぐっての議論の違いでいろいろと分かれていったのであって、釈迦そのものへの信仰心のない仏教というのは、基本的には存在しないのです。

「文殊信仰《もんじゅしんこう》に縁《えん》のある修験道《しゅげんどう》系の女教祖」が過去世《かこぜ》の一つ

A――　そうしますと、以前、「文殊《もんじゅ》との対話」で、大川きょう子氏の守護霊である文殊ということで招霊《しょうれい》されて出てきた者は、「文殊」を名乗っていましたが、これは偽《にせ》文殊であるということですね。

ケイシー　ですから、文殊信仰《しんこう》というのは、世界各地にありますし、日本にもいろいろなところにございますので、そういうものを味わったことのある方でしょうね。何か、それを知っている方でしょうね。

A――　私も、「文殊との対話」で質問させていただいたのですが、私が話した「文殊」は、いったい誰《だれ》だったのでしょうか。

ケイシー　もちろん、文殊菩薩が出てくる『般若経』を勉強したことのある人だと思いますが、私は、はっきり言って、それはおそらく山岳修行《さんがくしゅぎょう》をした方ではないかと思いますね。

要するに、修験道《しゅげんどう》系の方ではないかと思われます。おそらくは、修験道系でも特に文殊に縁のある方だと思います。文殊にもいろいろな文殊がございますでしょう？　安倍の文殊だとか、何とかの文殊だとか、たくさんありますが、そうした、何らか祀《まつ》ってあるものに縁のある修験道系の方ではないかと思われますね。

A――　修験道ですと、役小角《えんのおづぬ》と関係のある行者《ぎょうじゃ》でしょうか。

ケイシー　そうですね。その流れは引いているのではないかと思いますね。ただ、役小角当時の人とは必ずしも限らないと思います。それが、東北地方に広がって、流れていった者のなかにいる存在かと思われますね。

A――　例えば、「鳥海山《ちょうかいさん》の烏天狗《からすてんぐ》だ」とか、そのように言われているのですが……。

ケイシー　まあ、それは、「霊体的に言って、そうだ」ということでしょうが、人間としては、生まれたことがおありでしょうからね。

ですから、そのときは、おそらく、何らかの宗教にはかかわりがあったのだろうとは思います。

はっきり言えば、これは、文殊に関係する『般若心経《はんにゃしんぎょう》』系のお経を用いて、そういう修験道系の呪術《じゅじゅつ》を使う、混交した宗教の女修行者でもあるが、女教祖だった方ではないかと推定されますね。

〝偽文殊《にせもんじゅ》〟の霊言《れいげん》は本人そっくりだったはず

A――　今、きょう子氏は、「自分の守護霊《しゅごれい》は文殊《もんじゅ》である。そして、そういう本物の文殊という立場からすると、『文殊との対話』に出てきているのは文殊ではなくて、悪魔《あくま》であろう」とか、「あれは文殊じゃないんだ。文殊はあんなことは言わない」とか、週刊誌に、あるいは周りの人に言っています。

そして、「大川総裁のチャネリング（降霊《こうれい》）のチャンネルが狂《くる》っていて、別のものを入れているんだ」というように言っておりますが、ケイシー様からすると、「それは、とんでもない間違いである」ということになるのでしょうか。

ケイシー　まあ、あれが守護霊でなければ、本人そのものですね。

家族もみな、「あれが本人だ」ということを認めているのです。家庭のなかでの本人の言動は、あれとそっくりでございますので、守護霊がインスピレーションを与《あた》えて言っているのか、表面意識で言っているのか、そのへんの区別はつかないのですが、「あそこで言っているとおりの言葉を、家庭のなかで、何度も何度も言われた」と、子供たちもみな言っているのです。

子供たちも、自分の母親かどうか分からないほど、ばかではございません。夫も子供たちも、「本人である」ということは確認しているのです。

実際に、あのようなことを言う方であって、それが、教団の外へ出て言っている表向きの姿とは違うというのは、宗務《しゅうむ》本部のなかにいる人しか知らないということですね。

A――　そうすると、そのものずばりが、やはり出ているということですね。

ケイシー　事実そのものでしょうね。

子供たちのなかには、「自分も、『死ね』と何回も言われた」という人もたくさんおりますし、「『ブタ』と言われた」という人もいますし（笑）、あのとおり、「そのものだ」ということでございます。

A――　それでは、今、週刊誌などで、「私の守護霊が娘《むすめ》に対して、こんな言葉を使うはずはない」などと、彼女は言っていますが、本人も使っているということですね。

ケイシー　守護霊でなければ本人の意見そのものですが、まあ、守護霊と本人との一致度《いっち》が非常に高い方であるので、一緒なのではないですか。実際は、まさしく同じ考え方を持った、ああいう乱暴な言葉を使う方ですね。

A――　ありがとうございます。

修験道《しゅげんどう》の女教祖として一六〇〇年代の秋田に生まれている

B――　そうしますと、この「文殊」を騙っているのは、具体的には、何時代の、どこの国の方になるのでしょうか。

ケイシー　私は、やはり秋田県の方だと思いますよ。ずばり、生まれは秋田県の方だと思います。

修験道系《しゅげんどう》には、新潟《にいがた》を通過し、山形を通過して、秋田に入ってきた者の流れがあると思うんですよ。そのなかに関係のある方だと思いますが、歴史的に名前がある方ではないと思います。歴史的には名前は遺っていないと思います。

しかし、流れとしては、その流れだと思います。修験道の流れが、新潟から、山形、秋田に流れていますけれども、その流れのなかには、いると思います。

B――　奈良《なら》時代あたりでしょうか。それとも、平安時代あたりでしょうか。

ケイシー　そうですね。時期的には、もう少し新しい方ではないかと思いますね。

B――　もう少し新しいですか。

ケイシー　たぶん、もう少し新しい方だと思います。おそらく、感じから見て、一六〇〇年代ぐらいの方かと思いますね。

B――　一六〇〇年代ぐらいですか。

ケイシー　うーん。そのぐらいの方ですね。

B――　この一六〇〇年代の守護霊というのは、直前世《ちょくぜんせ》ではなくて、二個前ぐらいでしょうか。

ケイシー　そうですね。まあ、もう一つ、自分の憧《あこが》れが英国にあったので、「そこに生まれた」と、ずいぶん言っておられるので〝あれ〟ですけれども、もう一つあるかもしれませんね。ですから、二つぐらい前になりますかね。ええ。

B――　そうですか。

もう一つの過去世は、「ナイチンゲールを見たことのある女性看護師」

B――　それでは、本人が直前世だと語っているナイチンゲールという方の話に行きたいと思います。

きょう子氏は、「二〇〇七年にイギリスに行ったとき、悪霊《あくれい》に憑依《ひょうい》され、霊障《れいしょう》になって帰ってきた」と聞いているのですが、イギリスに関係があった方なのでしょうか。

ケイシー　うーん。これも憧れがそうとうあったようですね。子供時代から、職業婦人への憧れをかなり持っていたようで、自分がナイチンゲールだと信じていたようです。実家が病院だったので、ナイチンゲールあたりがいちばん偉《えら》いと思って、憧れていて、「自分はナイチンゲールの生まれ変わりであり、この教団には、ナイチンゲール時代に、自分を助けた人がたくさんいる」というように、心のなかで勝手にいろいろと割り振《ふ》っていたようです。〝ナイチンゲール教会〟をつくるつもりでいたような感じで、教団のなかに、別組織がもう一つあったようですね。

B――　はい。幹部のなかには、過去世《かこぜ》で、ナイチンゲールを助けた人であると認定された方もかなりいると思います。

ケイシー　本人はいろいろと思っていたようですが、かなり、妄想《もうそう》に近い面があったのではないかと考えます。実際に経験したことがあるとすれば、「クリミア時代にナイチンゲールを見たことのある看護師」ですね。

B――　その方が、前回の霊言《れいげん》（二〇一〇年十月十八日に収録した「ナイチンゲールの霊言」のこと）で、ナイチンゲールを騙《かた》って出てきたと考えてよいでしょうか。

ケイシー　うん。だから、「ナイチンゲールを見たことのある看護師」ですね。ええ。

B――　看護師というのは、男性か女性かということですが……。ああ、当時は女性だったですね。

ケイシー　ええ、これは女性でしょうね。当時は。

C――　つまり、きょう子氏は、ナイチンゲールではないということですね。

ケイシー　ナイチンゲールではありません。

B――　では、ナイチンゲールを正式にお呼びすれば、別の方（ナイチンゲール自身）が出てこられるわけですね。

ケイシー　けれども、本人が健在のときに、それは絶対無理な話ですよね。矛盾《むじゅん》するようなことがあってはならないのでしょうから。

実際は、貴族にすごく憧れていた方だと思います。貴族にすごく憧れていたけれども、実際はそうではなかった。そして、今は看護師と言いますが、当時は看護婦ですね。当時の看護婦というのは、社会的地位が非常に低く、どちらかというと、イギリス社会から見れば、売笑婦《ばいしょうふ》とほとんど同じ扱《あつか》いをされていたし、現実も、そういう面があったことも多かったのです。だから、性に対するアレルギーがものすごく強い方ですね。それで、貴族への憧れがものすごく強く出てきて、だんだん、自分が貴族だと思い込《こ》み、そして、「貴族が看護婦をやったのだ」という、ナイチンゲールのストーリーを自分と同一視した部分がありますね。

実際には、クリミアでナイチンゲールを見たことのある看護婦であったと思います。しかし、そんなに有名な方ではなく、数ある方の一人であったと思います。実際は、クリミアにて、おそらくは亡くなった方だと推定します。

B――　なるほど。その方が直前の過去世であるわけですね。

ケイシー　そう。直前はそれだろうと思いますね。もともとは英国出身の方だったと思いますが、身分は低かったと思います。だから、ナイチンゲールが、貴族の出ながら看護婦をやり、新聞などに取り上げられるのを見て、とっても羨《うらや》ましくて、嫉妬《しっと》の気持ちを持っていた方だと思います。

大川きょう子が年三回以上、説法できなかった理由

B――　きょう子氏は、以前、ナイチンゲールとクリミア戦争についての話をしていますが、その前に、かなり勉強をしていました。

ケイシー　そうです。読んだもの以外はしゃべれない方ですから。

B――　では、あれは、本に書いてあることをそのまましゃべったということでしょうか。

ケイシー　そうです。勉強したことをノートに書いて、そのまましゃべっているだけです。年に三回以上は説法ができなかったでしょう？　うんうん。勉強しなければいけないからね。

B――　はい。そして、文殊菩薩についても、「文殊は、要するに、釈尊《しゃくそん》と同時代に生きていた」というようなことを話していました。

ケイシー　ええ。まあ、にわか勉強したところがあるとは思いますけれどもね。ただ、やはり、説法の数が少ないでしょう？　それは、潜在意識《せんざいいしき》をひもといて出ている言葉ではないからです。表面意識で学習したものを、ノートにして、しゃべっているだけでしたからね。潜在意識が開《ひら》けたら、いくらでも出てまいります。だから、もう一段、偉い人を模倣《もほう》して、「そういうふうになりたい」というような願望が、もともと、すごく強くあったのだと思われます。

自称《じしょう》の〝過去世〟は、自分の理想を語ったものにすぎない

B――　そうすると、きょう子氏の過去世は、「ヘルメスの妻アフロディーテであった」とか、あるいは、「トスの妻やリエント・アール・クラウドの妻であった」とか、そのようにも言われていますが、このあたりも自己認定だったのでしょうか。

ケイシー　ええ。これは、もう、ほとんど脅迫状態《きょうはく》で言わされているものかと思わ

れます。とにかく、すべてを独占《どくせん》しないと気が済まない方であったので、「全部何もかも自分」ということにしないと済まないということですね。まあ、そういうことで、全部、埋《う》めたかったのだろうと思われます。
しかし、現実には、残念ながら、自意識が巨大《きょだい》すぎて、見えていないところが多かったのではないかと思います。

Ｂ――　きょう子氏の過去世は、美の女神アフロディーテを毒殺したほうの、メノン・アフロディーテであるという話もありましたが、それは事実でしょうか。

ケイシー　うーん。まあ、ハハハ。なかなか苦労するところではあるのでしょう。なかなか苦労なされているようで、厳しい面があるようです。
まあ、『愛は風の如《ごと》く』（全四巻、幸福の科学出版刊）であろうと、その映画であろうと、描《えが》かれているアフロディーテの姿が本人とあまりに違うというか、正反対な性格がずっと描かれていますね。「ヘルメスの霊示を受けて書かれているアフロディーテの姿が本人とは全然違う」ということに対する疑問は、みな抜《ぬ》きがたいものがあったのですが、現実には、「それを読んで悟《さと》れ」という意味合いがあったのです。しかし、誰《だれ》も悟らなかったようではあります。

ですから、「まったく関係がない」とは言えないかもしれませんが、まあ、「ヘルメスの妻であった」というのは、どうでしょうかね。私は、「どうでしょうかね」としか言えません。あれはまだ同情的に言っている面があるのではないかと思っております。

B――　ただ、ヘルメス様を見たことがあるというのは事実でしょうか。

ケイシー　「その時代にいたことはある」ということは、あると思いますね。

B――　見たことはあると？

ケイシー――　あると思いますが、すでに既成《きせい》事実として進んでいるものがあるので、それを引っ繰《く》り返せないでいる面がだいぶあったのではないかと思います。

だから、これも同じです。結婚《けっこん》前に、「自分が霊示を受けて書いた」というものに全部基《もと》づいているわけです。そして、事実上、教祖として立ったのでしょうが、要するに、女としての最高のものを全部求めたわけですよ。

B――　なるほど。

ケイシー――　だから、「自分は賢《かしこ》くて〝文殊〟である。自分は美しくて〝アフロディーテ〟である。自分は医者の家に生まれたので〝ナイチンゲール〟である」というように、自分の理想を全部語っているわけです。

ヘルメスの時代は男性で「謀略《ぼうりゃく》担当」だった

B――　きょう子氏は、ヘルメス様の時代に、もしかしたら、男性だったとか、そういうことはありますか。

ケイシー　あなたは、なかなか鋭《するど》いですね（会場笑）。ええ、そのとおりです。

B――　そうですか。

ケイシー　うん。実はそうなんです。

B――　どういう仕事をしていたのでしょうか。

ケイシー　当時は、要するに……、まあ、こういうことを言っていいのかどうか、分からないのですが、仕事としては、今で言うと、ＣＩＡ（アメリカ中央情報局）に当たるような仕事ですね。情報攪乱《かくらん》を担当していて、ニセ情報を流したりするような仕事をやっていました。そういうことを担当していましたね。

Ａ――　ヘルメス軍の側でしょうか。

ケイシー　そうです。ヘルメス軍のなかにはいたと思います。防諜《ぼうちょう》・謀略《ぼうりゃく》担当で、いろいろな所で、違った噂《うわさ》を流したりするような仕事をしていたと思います。

Ｂ――　そうすると、トス様、リエント・アール・クラウド様とも、過去世では夫婦ではなかったという可能性が……。

ケイシー　このへんも関係ないでしょう。

B――　関係ない？

ケイシー　ええ。関係ないけれども、まあ、関係があるようにしなければいけないので、つくるのは大変でしたでしょうね。だから、関係がないと思います。

B――　そうですか。

ケイシー　まあ、宗教的なものとまったく縁《えん》がなかったとは言えない面はあることはあるのですが、ただ、残念ながら、「主役級までは本当は行っていなかった」というところが大きかったと思います。

B――　いわゆる女神界の方ではないということですね。

ケイシー　女神ではないですね、はっきり言って。

B――　六人いる魂《たましい》の兄弟のなかでは、男性のほうが強いのでしょうか。

ケイシー　まあ、半々ぐらいですかね。男性・女性の両方があって、一部、女性の面も少しはあるのですが、男性が、やや、ちょっと強いかな？

B――　そうですか。分かりました。

4 「裏切りのユダ」との霊的《れいてき》関係について

大川きょう子は「イスカリオテのユダ」としても生まれていた

B――　それでは、核心《かくしん》のほうに、そろそろ入っていきたいと思います。

前回、「文殊《もんじゅ》との対話2」（二〇一〇年十一月二十八日収録）で、〝文殊〟に、「ケイシー様に、きょう子氏の過去世《かこぜ》リーディングをお願いしてもいいでしょうか」と訊《き》いたところ、「どうぞ」と言っていたので、そのあと、リーディングをしていただきました。

しかし、それは、総裁のご慈悲《じひ》で公開はストップされていたのですが、そのなかで、ケイシー様は、「イスカリオテのユダ、熱心党《ねっしんとう》のユダである」と述べられておりました。これは事実と考えてよいのでしょうか。

ケイシー　うーん、まあ、「釈迦《しゃか》に提婆達多《だいばだった》あり」「イエスにユダあり」「大川隆法に大川きょう子あり」と、こうなっているということですね。いつも、「身近にいて、逆に出た方」がいるということですね。

イエスについても、「十二弟子《でし》を選んでおいて、なぜ、その一人が裏切ったのか」「イエスにして、それが分からなかったのか」というのは、ひとつの秘密というか、みなの疑問ではあります。「十字架《じゅうじか》に架かる運命があったために、あえて、そういう弟子を選んだのだ」という言い方もあるとは思いますが、「途中《とちゅう》で悪魔《あくま》がユダに入った」というのも事実ではあるのです。

ただ、政治的な思想に違《ちが》いがあったことも事実です。そのイスカリオテのユダは、最初、熱心党といって、当時、ユダヤの独立運動をやっていた方なのです。「ローマから政治的に独立しよう」という運動をやっていて、「独立の中心的指導者がメシアであるべきである。そういう政治的な力も持った、要するに、宗教的指導者兼《けん》政治的指導者が、本当のメシアだ」という考え方を持っていたわけです。

彼は、そういう意味での救世主を求めていた。そして、イエスには群集を動かす力があったので、イエスにそれを期待して、弟子になったのです。

しかし、イエスは、途中で、政治的なことから離《はな》れ、距離《きょり》を取っていきました。彼から見れば、イエスは政治的リーダーになるのには弱すぎたわけです。「これは何かの間違いではないか」と思った面もあって、「神様を試《ため》そう」という気になったところがあるのです。

イエスは、「自分は十字架に架かって死ぬだろう」「エルサレムに行ったら、捕《つか》まるだろう」というようなことを言っていましたが、何だか、あまりにも弱すぎるので、彼は、「そこには何か神様の計画があるのだろう。いざというときには、危機を脱《だっ》するような奇跡《きせき》でも起きるのだろう」と考えていたようなところはあったようです。表面意識ではね。

でも、潜在意識的《せんざい》には、悪魔がすでに入っていた。囁《ささや》いていた悪魔はいたと思いますよ。それは一人ではないと思いますね。

要するに、信じてはいたけれども、政治思想的な考え方のズレはあったと思う。イエスはユダヤ独立運動のリーダーにはならなかったですよね？　イエスは神の国とこの世の国を分けてしまったから、彼は、「イエスは弱い」という判断をしたと思いますね。

まあ、それは、別にユダだけがおかしいのではなく、当時の人で、イエスにがっかりした人のなかには、そういう人が多かったのです。「独立運動のリーダーになってほしかった」と思った人は数多くいたのであり、ユダはその一人ですね。だから、その意味で、彼が……、彼女でなく彼ですね、彼がイエスを裏切った事実があるかといえば、あります。

イエスへの嫉妬《しっと》を抑《おさ》えられなかったユダ

ユダには、「イエスがだんだん崇《あが》められ、独立運動の政治的リーダーになってほしい」という気持ちもありましたが、反面、弟子として仕えている間《あいだ》に、イエスが女性たちから非常に好かれ、人気が出てきたので、イエスへの嫉妬《しっと》もそうとう強いものがありました。

実は、支配者であるローマの貴族の女性たちにまでイエスの評判は及《およ》んでいて、愛されていた面がありましたし、向こうの軍隊のかなり上のほうの人の奥《おく》さんなどにも、そうとう愛され、尊敬されていた面がありました。また、一般《いっぱん》の女性たちにも、そうでした。

マリアという名前がたくさん出てくるので少し紛《まぎ》らわしいのですが、特に、マグダラのマリアですね。「香油《こうゆ》で、髪《かみ》で撫《な》でて、イエスの足を洗った」とか、「もともと、長血《ながち》を患《わずら》っていて、七つの悪霊に憑《つ》かれていたが、イエスに治してもらった」とか、いろいろな説のあるマリアです。

このマリアとイエスが深く愛し合っていました。まあ、マリアのほうはイエスに救われたし、自分の死んだ弟ラザロを甦《よみがえ》らせてもらったようなこともあったので、彼女の信仰《しんこう》はものすごく深かったのです。

マリアは、当時のナンバーワン娼婦《しょうふ》でもあり、容貌《ようぼう》はとても美しい方でありました。そして、ユダも本当はマリアを好きだったのです。マリアへの想いと師への信仰とが、ユダの心のなかで股裂《またざ》きになった面があり、そのために、ユダは、いろいろなところで、この世的な理由を持ち出しては、二人を攪乱《かくらん》しています。

ユダは「この世的論理」で師を責めた

マリアがイエスに献身的《けんしんてき》に尽《つ》くせば尽くすほど、ユダはそれを否定するようなことをやっています。例えば、彼女は、三百デナリもするような香油をイエスの足にかけて、自分の長い髪の毛で拭《ぬぐ》ったりしています。今で言えば、年収に当たると言われているので、数百万円もするような高級香水でしょうか。そのようにして彼女は、最大の愛の行為《こうい》を表したのです。

そのときに、「香油を売って、その金を貧しい人に施《ほどこ》したら、どれだけの人が食べていけると思うのか」というようなことを言ったのが、このユダです。まさしく、この世的な論理ですよね。

イエスは、「今は許せ。この者はよいことをしようとしているのだ。いつの時代も、あなたがたは人々と一緒《いっしょ》にいることができるけれども、私は一緒にいることはできない。『私がいる時代に私と共にいられる』ということは非常に記念すべきことであり、それゆえに、今、マリアがやろうとしていることは、後世にまで記憶《きおく》として伝わる、大切な行為なのである。金額的なものが問題なのではない。主のために、自分の愛の行為を示そうとしているのは、信仰と愛が同じものであることを実証する行為であり、後世にまで遺《のこ》る『信仰の実証』なのだ」というようなことを言うのです。

しかし、ユダ的に見れば、「そのお金で貧しい者を救えるではありませんか」というわけです。「そんな、もったいないことをして」「先生が贅沢《ぜいたく》をして」と、この世的な論理で攻撃《こうげき》をしているのですが、実は、嫉妬の部分を表していたのです。結局、自分も、そういうふうにしてほしかったわけですね。

ユダは、教団の会計係でしたから、「お金が欲しい」というところがあり、この世的な面もそうとう強かったのでしょうが、実は、嫉妬の部分もありました。

イエスは、すごくよくもてた方で、女性たちの人気がそうとうありました。ユダには、そういう、この世的な論理でイエスに嫉妬したところがあったので、最終的に悪魔が囁《ささや》いたのは、そのとおりです。この嫉妬心のところに、いちばん大きい悪魔が取り憑いたと思われます。

そして、わずかな銀貨で、今で言えば、何千円かぐらいのお金で、先生を売り飛ばしたのです。三百デナリの香油ではなく、もっと安いお金で、アルバイト代ぐらいのご褒美《ほうび》で密告し、先生を売り飛ばして、十字架に架けさせることをやってしまったわけです。もう、完全に悪魔の入った心境ですね。

でも、それは恨《うら》み返しでした。嫉妬心というか、女性に対する恨み返しがあって、今言ったようなお金の問題もあれば、「娼婦という汚《けが》らわしい職業をしていた者を、救世主なる者が愛していいのか」という思いもあったのです。マグダラのマリアの福音書《ふくいんしょ》がナグ・ハマディという所から出てきて、前世紀の話題にもなりましたが、それを読めば、イエスとマグダラのマリアが事実上の夫婦であったことは明らかです。しかし、ユダは、そういうことが、弟子として何としても認められなかった。

要するに、「汚らわしい」ということとか、金銭的なところとか、いろいろな「この世的な理由」で先生の弱点を責め、それを、結局、売り飛ばす正当性、密告する正当性にしたところはありますね。

そういう意味で、ユダは、男女の三角関係的なカルマというものを、ものすごく深く持っています。だから、あの人がユダそのものです。

死後千年くらいで地獄《じごく》から上がっている

B――　そのユダは、イエス様の霊言《れいげん》によると、「恨みが消えるまでは、この地上に生まれられない」と説かれていたのですが（『大川隆法霊言全集　第5巻』〔宗教法人幸福の科学刊〕参照)、千六百年たったあたりで生まれてきているということは、これは何か、神の世界の仕組みというものがあるのでしょうか。

ケイシー　ええ、それは当然ありますよ。イエスは許しの方ですのでね。

今回、幸福の科学の運動に関しても、愛の教えが説かれるなど、イエスの力がそうとう働いておりますし、そういうチャンス、機会を与《あた》えられたということです。

また、マグダラのマリアの魂《たましい》の兄弟が当教団に生まれ変わっていて、その方と出会うように仕組まれていた面もあります。

B――　今、ユダ自身は、まだ下の世界にいるのでしょうか。

ケイシー　ユダそのものは、いちおう千年ぐらいで上がってはいるんですけれどもね。

B――　今回、大川総裁と出会うということは、本人の魂のカルマの刈《か》り取りとして、実は、非常に大きなチャンスだと思うのですが、本人は、あの世では、そのことを知って、下りてきたのでしょうか。

ケイシー　うーん、まあ、わりあいですね、いつもそういう救世主的な人の近くに出る人ではあるのですが、まだ、完成できないというか、弟子として正統でないのです。

例えば、本人は文殊を騙《かた》っていましたが、文殊菩薩《ぼさつ》自身も在家《ざいけ》のほうの人間であって、実は、出家《しゅっけ》の十大弟子がうらやましくてうらやましくてしかたがなかった方なのです。それで、十大弟子を否定するようなものを書いていますが、それが心境的に、一部、同通するものがあったと思います。

ユダの時代のカルマを刈《か》り取ることができるのか

イエスは、ユダだって愛していたわけであって、ちゃんとその才能の部分を認めていたところはあるのです。会計係として、まあ、がめついといえばがめついのですが、しっかりしていたようなところや、あるいは、熱心党の活動家であったので、政治的な行動力があったようなところなど、いいところは認めてはいたのだと思います。

イエスは、ある意味で、神仕組みとして、自分があのような最期《さいご》を迎《むか》えることも知っていたと思うのです。それについて、彼は、最後に裏切る人が誰《だれ》であるか、最後の晩餐《ばんさん》のときに当てていますよね。みなが、「裏切る人というのは、私ではないですよね」と言っているときに、「私がパンを浸《ひた》して渡《わた》す者が、その人である」と言って、ユダに渡していますから、裏切る人はもうちゃんと知っていました。

いちおう、神仕組みの面もあったのかなとは思います。側近に悪魔が入るというのは、やはり、いつの時代もあることなので、これについては止められないところがあります。

要するに、その人の分を超《こ》えて、先生や教団などが成長しすぎたときに、やはりその心に隙ができて、悪魔が入れるんですね。そのような自分との差ができてくると、そこに入れるところがあるのです。

だから、今回、実は、そのカルマの刈《か》り取りの部分が入っているんですよ。「もう一回、救世主を裏切るか裏切らないか」ということが、もう一つ、入っていたのです。

ただ、「十二弟子のなかにユダを入れたこと自体が、イエスの活動にとってまったくマイナスだったか」といえば、そうではなくて、ある程度まで活躍《かつやく》はしたんですよ。ゼロではなかったのです。

ほかの弟子たちはみな、金銭能力の低い人が多かったのですが、彼は、そういう現実的な処理能力を持っていたために会計担当をしていました。つまり、「その日の糧《かて》をどうするか」「宿屋をどうするか」というような、〝兵站《へいたん》〟担当だったわけです。そういう意味で有能だったから、重宝《ちょうほう》していた面はあったのです。

また、行動家で、弁も立ちました。

そのように、全部がマイナスではないのですが、役者として、まあ、気の毒ではありますが、最後にイエスを売り渡すところを割り当てられたというわけです。

そして、今回、もう一回、そのようになるかならないかという、神仕組み的な実験がなされ、要するに、「ユダの時代のカルマを刈り取れるかどうか」ということがかかっていたと思うんですね。そういうところはあったと思います。

当時、ヘルメスが天上界《てんじょうかい》からイエスを指導していた面もあったし、当然、仏陀《ぶっだ》も指導していましたしね。だから、そういう複雑な神仕組みがあって、「ある程度、貢献《こうけん》しつつも、やはり、信仰心のところで裏切るか裏切らないか」という面はあったかなと思いますね。

しかし、底流に流れているものとして、ずっとそうなのですが、深い嫉妬心というものがいつもあるのです。

つまり、スター願望があって、スターになりたいけれどもなり切れず、嫉妬心を強く持っていて、それがすごいうぬぼれの心になったり、人を見下げたりするような心になって表れてくるんですね。

そういうスーパースター願望をいつも持っているのです。嫉妬心がすごく強くて、どうしてもそれを乗り越《こ》えられないというカルマを持っている方ではあるのです。だから、神様のそばまで行くのですが、途中で落ちてしまうという傾向《けいこう》が多いと思いますね。

本人の「曲げない性格」は、まさしく熱心党《ねっしんとう》のユダ

A――　今回の躓《つまず》きを見ていても、嫉妬心の部分や金銭問題、あるいは異性問題などと、かなり同じようなところで躓いている感じがいたします。

ケイシー　ええ。ほとんど同じパターンだと思いますね。独占欲《どくせんよく》や嫉妬心が非常に強いということは、今回の結婚《けっこん》の前の段階で、当時の教団の幹部たちがすでに指摘《してき》していたことです。みな、「どうして、こんな人が宗教に来るんだ」と言っていて、「ものすごくこの世的だ」ということで批判していたようではありました。

確かに、この世的な手腕《しゅわん》に優《すぐ》れているところはあったわけです。なんて言うのか、人を出し抜《ぬ》いて、既成《きせい》事実をつくっていくようなところが、すごく優れていたわけですね。

例えば、教団にいる人たちには、普通《ふつう》できないことですが、容赦《ようしゃ》なく「排除《はいじょ》の論理」が使えるところがありました。つまり、自分に敵する者等をずいぶんクビにしていったはずであるし、今の自分がしているようなことをした人たちを、過去、いっぱいクビにしてきているのですが、「自分だけはそうなってはならない」というような考え方を持っていらっしゃる。まあ、不思議なところがありますよね。

「釈迦に提婆達多あり」と言われますが、彼も、阿難《あなん》（アーナンダ）と兄弟で、仏陀とはいとこ関係です。そういう意味で、近いところにいるからこそ、そういうふうに思うところもありますからね。提婆達多も、仏陀が年を取ったところを狙《ねら》い、弟子を五百人ぐらい連れていって、分離独立運動をやっています。

そのように、宗教に縁《えん》がないわけではないのですが、いったん地獄《じごく》を見ている方であるということですね。

また、ものすごい「有《う》の状態」というか、非常に固まった個性を持っておられる方であるので、その強い性格、一本気の曲げない性格は、まさしく熱心党《ねっしんとう》のようなところが、やはりあるように思いますね。

大川きょう子がキリスト教に惹《ひ》かれる理由

C――　そうしますと、きょう子氏自身は、「自分の過去世がユダである」というのは認識して……。

ケイシー―　知らないでしょう。

Ｃ――　まったく魂としても認識はしていないし、知らないと……。

ケイシー―　知らないのではないですか。「イエスではない」と思っているかもしれませんが（笑）、それは知らないでしょうね。

Ａ――　最近、キリスト教会のほうにも行ったりしているようですけれども……。

ケイシー―　だからキリスト教が好きなんですよ。好きというか、すごく懐《なつ》かしいのです。何か、よく知っているような気がしているんですよ。

C――　そうしますと、「イエス様を裏切ったカルマといったものが残っていて、今世《こんぜ》、なんとかそれを刈り取ろうと思って救世主と共に、出てきた」ということを、きょう子氏自身が知っているということになるのだと思いますが……。

ケイシー　うーん、まあ、そうですね。

まあ、あなたもご存じの方のなかに、マグダラのマリアの過去世を持っている方がいらして、今は名を挙げませんが、その方と、一九九七年に最初の対立が起きています。

今回は、十年を経て、また対立が起きていますが、要するに、救世主の仕事を助けようとする人と、それを嫉妬する人とが、やはり弟子のなかにも出てくるのです。そして、彼女の場合、ほとんど嫉妬する側に回っていますね。

仕事に「夫婦平等」を持ち込《こ》むのは、一般《いっぱん》社会でも通用しない

自分の手のうちに置いて支配しようとするようなところにおいて、実に巧妙《こうみょう》な、まあ、ある意味での頭はよいのだろうけれども、論理のすり替《か》えをしますよね。だから、「夫婦は平等である」というようなことを、仕事の面でも持ってくるわけです。

しかし、これは一般《いっぱん》社会では通用しないことです。社長の妻だからといって、社長と同じ権限を持っていたり、会社の金や部下を自由に使えたりするようなことはありませんから、この世的には顰蹙《ひんしゅく》を買うところですが、そのへんをやはり混同している面はそうとうありました。

まあ、彼女自身は、マスター（主《しゅ》）ではありませんからね。だから、結婚して、要するに、「名前を書き込《こ》んだ」ということを、最大限に利用していると思いますね。

それから、エル・カンターレにおいても、これは、また、一つの試みだと思うんですよ。

イエスは十字架に架けられて、この世的に葬《ほうむ》られたのですが、「では、エル・カンターレはどうなるか。同じように十字架に架かって葬られるのか」というのが、やはり、一つの試験として用意されているところなんですね。

今、「妻が告発する」ということで週刊誌に連載《れんさい》し、いろんなところで暴《あば》れ、攻撃を始めているわけです。「自分が否定されるぐらいなら、教団全体を丸ごと『邪《じゃ》教団《きょうだん》』『カルト宗教』にしてしまって、これを解散にまで追い込み、潰《つぶ》してしまいたい」というぐらいの憎《にく》しみを持っていると思いますよ。

そういう個人的な理由で動くような、公的なものとの違いが分からないタイプの方であるのです。個人的なことと混同してしまっています。ほかの人たちは、きちんと組織での働き方の論理を知っているんですけれどもね。

だから、はっきり言って、今、本心としては、「自分を否定するような教団なら潰してしまいたい」ぐらいの憎しみを持っていると思います。

これはもう本当に、はっきり言って、ユダ的なものだと思いますね。

ユダ時代の意識が「自殺願望」として表れている

B――　もし、今世、カルマを刈り取れるとしたら、彼女は、今後どういう歩みをされたらよろしいのでしょうか。

ケイシー　そうですね、最初から、自分をすごく美化してスタートしていますから、それを否定されるぐらいなら、宇宙の彼方《かなた》に蒸発してしまいたいでしょう。

今回、巡錫伝道《じゅんしゃくでんどう》が始まってからこの三年半の間にやっていたことは、だいたい二つですよね。

女性たちを完全に排除しようとする運動が一つです。「女性は自分一人」ということです。だから、結婚のときの約束と全然違うんですよ。

彼女は、「釈迦が妻と子供を捨てたために、二千五百年間、女性は差別され苦労したから、今回は結婚すべきだ」というような、巧《たく》みな論法で入り込んできたわけですが、自分が妻になったら、今度は女性を差別して、「女性は偉《えら》くしないようにしよう、幹部から排除しよう」としています。

今は、あなた（質問者C）のような女性の幹部がたくさん出てきていますが、これまでは、「女性の幹部が出ることが許せない」ということで、女性が女性を差別し、迫害《はくがい》しているというような状態が出ていたわけで、これは、正反対のことですね。

そういう女性に対する嫉妬が、すごく強烈《きょうれつ》に出てきたのと、もう一つ、「自殺願望」がよく出てきていますね。

この三年半の間で、「自殺するぞ」と、ずいぶん脅《おど》したり、「自殺したい衝動《しょうどう》に駆《か》られた」と言ったりしています。

実際、過去世において、ユダは自殺しています。イエスを銀貨三十枚で売ったあと、イエスが処刑《しょけい》されるということが分かり、実際にイエスが十字架を引きずって、ゴルゴタの丘《おか》を登っているときに、柿《かき》の木で首を吊《つ》って死んだのが、ユダですよね。

さすがに良心が苛《さいな》まれ、「師が死んだあとまで生き残れない」というような、弟子の心が戻ってきたのでしょうけれども、それで、首を吊って自殺したわけですね。

このへんのところで、まだ少し残っていた良心が出てきたのだと思います。「まさかこんなことになるとは思わなかった」というところがあったため、いったんもらった銀貨も「返す」と言って、投げ返しには行っているのですが、それで許される罪ではなかったのです。

「まさか捕《と》らえられて、本当に十字架に架かるとは思わなかった」「誰かが助けたり、民衆たちが、『やっぱり助けろ』と言ったりするかと思ったら、『死刑にしろ』と言い出した」というので、驚《おどろ》いてしまったところがあって、罪の深さに恐《おそ》れをなして、自殺してしまった。

その部分が今、意識的に出てきているのです。だから、強迫神経症《しんけいしょう》的に「自殺願望」が出てみたり、あるいは、非常に攻撃的な面として、「教団を潰してやる」「総裁も十字架に架けたい」というような気持ちが出てきたりしています。それが、交《こう》互《ご》に出ていると思います。

地獄《じごく》とは「隔離《かくり》」のことをいう

A――　最近の週刊誌等での発言でも、異常なほど、「地獄《じごく》に堕《お》ちる」とか、「地獄にいるような気持ちだ」とか言っているようです。

ケイシー　ズバリ、そのとおりだと思います。今、本当に地獄にいると思うのです。結局、どういうことかというと、地獄というのは、「隔離《かくり》」、つまり、人々から離《はな》れることなのです。今、信仰から離れ、神から離れ、仏から離れ、信者から離れ、誰も味方がいなくなる孤独《こどく》地獄のほうへ行こうとしているわけです。

それを、「阿修羅地獄《あしゅらじごく》的に戦って、切り抜けられないか」としているところです。「妻の告発」ということで、「教団を壊滅《かいめつ》に追い込み、主を葬りたい」という気持ちを持っているのだと思います。

ユダはイエスの教団壊滅《かいめつ》に成功している

これは、イエス時代には、ある意味では成功しているのです。イエスは十字架に架かりましたし、教団は、いったん消滅しています。

初代の教皇《きょうこう》になったペテロでさえ、イエスを裏切っています。「鶏《にわとり》が二度鳴く前に、おまえは三度、私を『知らない』と言うだろう」とイエスが言ったので、ペテロは泣いて抗議《こうぎ》し、「私の信仰は固いのです。そんなことは絶対にありません」と言いました。ところが、イエスが引かれていくところを見ていたペテロは、周囲の人から、「あなたはイエスのところにいた人だ」と言われ、それを否定して逃《に》げ、あとで泣いて後悔《こうかい》するのです。

あのペテロでさえ裏切って、イエス処刑のときに教団は事実上ないのと同じで、数人の女たちだけが最後までついていったような状態でした。そのほかに最後までいたのは、四大福音書の一つである「ヨハネによる福音書」のヨハネ、すなわち、黙示録《もくしろく》の作者ではないほうのヨハネです。

彼はまだ若く、イエスが愛していた弟子の一人でしたが、イエスはヨハネに自分の母を託し、「これは、おまえの母だ。母の面倒《めんどう》を見ろ」と言い、母には、「これが、あなたの息子《むすこ》だ」と言って、十字架に架かり、息を引き取っています。

あとの弟子たちは、みな、身を隠《かく》し逃げていたか、遠巻きに見ていたかであって、事実上、教団は壊滅《かいめつ》していたのです。

それからあと、キリスト教徒を迫害している側にいた律法学者のパウロが、「ダマスカスの回心《かいしん》」というものを体験します。彼は、イエスの残留の弟子たちを、逮《たい》捕状《ほじょう》を持って追いかけていたのですが、ダマスカス街道で、真っ昼間に、突如《とつじょ》、白《びゃっ》光《こう》、明るい光に打たれ、目がくらんでしまいました。まるでUFOに遭《あ》ったかのようですが、目がくらんで三日ほど目が見えなくなるのです。

それを、アナニアという、イエスの弟子の一人に治してもらいます。イエスは弟子たちに病気を治療《ちりょう》する能力を与えていたので、パウロは、見えなくなった目を治してもらって回心し、伝道に入るのです。

パウロはローマの市民権を持っていましたし、当時の世界語であったギリシャ語に堪能《たんのう》で、ギリシャ語を使えたため、それが伝道の大きな力になり、パウロによって教団が立ち直ってきました。

また、あれほど弱腰《よわごし》だったペテロたちも伝道を行いました。ペテロは、何十年かあとに、結局は「逆《さか》さ十字」で死んでいます。あのとき臆病《おくびょう》だった自分を反省して伝道し、最後にはローマで十字架に架かっているのです。

このように、弟子たちの信仰が固まって、彼らは戦い始めたわけですが、それは「イエスの復活」に原点があるわけです。そういう神秘体験が、いろいろと起きてきました。

しかし、ユダは、サタンと協力して、イエス教団を、「現実的に、この世的に、いったん潰す」というところまで追い込んだ人です。

「この世的論理」で潰《つぶ》れる教団かどうかが、今、試《ため》されている

「その同じ人を、今回、わざわざ出した」というところに大きな神仕組みがあって、エル・カンターレも試《ため》されていますが、このへんで潰《つぶ》れる教団かどうか、教団も試されているのです。

その主張は、ほとんど、この世の論理によるものです。「妻を蔑《ないがし》ろにするような宗教が、はたして、世の中の人たちを幸福にできるでしょうか。自分の妻さえ幸福にできないような人が、どうして、世の中の人々を救えて、世の中の人々を愛せるのですか」という、週刊誌的公案が投げかけられてきているでしょう?

「そうだ。そのとおりだ」と世間の人が言えば、「まず妻を幸福にしてからにしなさい」ということになり、「妻を幸福にするには、どうしたらよいですか」ということと、「教団を解散すると、幸福になる」ということでしょう?

だから、今、妻のほうが本質的に思っていることは、大川隆法を引退させること

です。伝道をさせないで自分の見張りの下《もと》に置くことです。そして、実質上、自分が仕切り、弟子だけで運営できる範囲《はんい》に教団を小さくし、生活ができる範囲内まで縮めてしまうことです。

五人の子供たちの「母親に対する恐怖心《きょうふしん》」

また、「子供たちにも、自分の言うことをきかせる」というようなことです。そのため、自分の言うことをきかない子供たちを、次々に追い出していこうとしていました。

まずは長男が母に逆らい、「おかしい」と言っていたので、彼は二回、廃嫡《はいちゃく》されています。このようなことは本人は語りませんが、暴力《ぼうりょく》を振《ふ》るい、殴《なぐ》ってもいますし、夫の許可を取らずに、二回、長男を廃嫡しました。中学に上がる前に一回、自分が望んだ学校に入れなかったので廃嫡していますし、高校で、もう一回、廃嫡しています。

偏差値《へんさち》を重視し、医学部を目指すような人と同じような考え方でもって処断し、跡継《あとつ》ぎについての判断をして、「間違っている」と言っていた者を廃嫡していますが、夫のほうは子供を見捨てていなかったので、長男は、今、復活して、父の仕事を手伝い始めていますね。

子供たちが、みな、夫のほう、父のほうについたのは、やはり、父のほうには、「子供たちを育てよう」という気持ちがあったのに、母のほうは、「自分に逆らう者は潰していく」という考えだったからです。だから、母から逃げたのです。

彼女は、「今、自分は地獄にいる。隔離され、子供たちと離されている」と言っていますが、それは子供たちの恐怖心《きょうふしん》がすごかったからです。

夫が週末に伝道に出かけていくと、その間《あいだ》、子供たちには父親がいなくなるので、母に締《し》め上げられるのです。その怖《こわ》さのため、子供たちは母から逃げ回っていました。弟子たちでは母から護《まも》れないので、子供たちは逃げ回っていたのです。

子供たちは、日曜日が来るたびに母に呼び出され、外に食事に連れ出されて、

「いかに父親が間違っているか」ということを懇々《こんこん》と言われるため、ずっとそれを聞くことに、もう耐《た》えられませんでした。

また、家のなかでも、まるで黄泉《よみ》の国の伊邪那美《いざなみ》が伊邪那岐《いざなぎ》を追いかけたように追いかけてくるので、はっきりと子供たちは逃げ回っていました。

今、母が外に出されたため、子供たちは本当にホッとして、天国の世界にいます。向こうは地獄でしょうが、子供たちは、今、天国の世界にいるわけです。

弟子に対しても同じです。総裁のほうは弟子を育てようとしていますが、あちらのほうは、ライバルは打ち落とし、消していくスタイルです。「自分の言うことをきく者以外は消す」ということをしていましたのでね。

そのへんで、やはり、非常に難しいものはあったと思います。あの恐怖心のところを世間の人は知らないでしょう。

Ａ――　つまり、地獄なるものは自分がつくり出しているのでしょうか。

ケイシー　ほとんど、そうです。しかし、それは、独占欲、支配欲、嫉妬心、このようなものから来ています。あるいは権勢欲的なものから来ていると思います。

A――　はい。

大川総裁の心臓発作の「本当の原因」とは

C――　ケイシー様の今のお話を聴《き》きますと、きょう子氏の過去世は、ナイチンゲールではなく、また、仏弟子が普通に信仰する文殊菩薩でもなく、そして、アフロディーテでもないわけです。そうすると、やはり、「時代が変わっても、いつも信仰の対象となるような、神格《しんかく》を持った女神ではない」という気がしてきました。

ケイシー　今、ユダのところが、いちばん強く出てきていると思うのですが、要するに、「『救世主に最大の試練を与える』という役割を担《にな》って出てきている」ということでしょう。

C――　「きょう子氏の過去世のうち、今、ユダの意識が強く出てきている」ということでしょうか。

ケイシー　そうです。役割的にそうなのです。

確か総裁も何年か前に病気をなされたようですが、「そのときの原因も、実は、妻である自分にある」ということを、彼女は公表していないでしょう？　外では、そんなことはまったく関係がないような言い方をし、「病気以降、総裁はおかしくなった」というような言い方をしていますが、その病気も自分が原因だったことを彼女は公表していないはずです。

彼女は、怒《おこ》ったときには、荒《あ》れ狂《くる》ったように怒鳴《どな》りまくるタイプの人です。今回、自分の魂の兄弟たちの霊言が出て、事実を指摘されたため、いちばん困り、「名誉《めいよ》毀損《きそん》だ」と言って怒《おこ》っているわけですが、怒ると二時間でもほえ続けるタイプの人なのです。

あのときも、そういうことがあって、実は夫のほうが心臓に異常を来《きた》し、発作を起こしたのです。要するに、実際は〝殺人未遂《みすい》〟をやっているわけであり、その病気は妻が起こしたものなのです。

その病気を看病《かんびょう》したことも自分の手柄《てがら》にしているのでしょうが、その原因は本当は向こうにあったのです。それは、もともとは天上界からの意見を聞いて激怒したことから始まっています。天上界から自分に対する批判的な意見（「妻に男メカケをつくらせるな」という善川名誉顧問霊示を指す）が下りてきたので、激怒して怒《いか》りまくったあと、夫に発作が起きたのです。

週刊誌等では、「守護霊《しゅごれい》を呼び出せても、本人とは会えない」というようなことを述べていますが、本人と会うと、あの人は本当に殺しかねないのです。檻《おり》のなかに入れておかないといけないぐらい、怖いところがありますからね。

教団施設《しせつ》に住みながら〝教団壊滅《かいめつ》作戦〟をやることの不合理

彼女は自主的に別居したように言っていますが、あれも実はそうではなくて、夫におねだりをして家を建てさせたのです。晩年の自分の根城《ねじろ》にしようとして家を建てさせ、家族もそちらに移して、要するに宗務《しゅうむ》本部から切り離そうとしたのですが、子供たちが全員ついていかなかったため、一人になってしまったのです。

宗務本部を切り離すつもりで、夫のお金や財産を使って家を建てさせ、自分のものにしてしまおうとしたわけですが、そこを根城にして、「夫の財産を半分よこせ。家をよこせ。お金をよこせ」ということを、弁護士を立てて要求してきた段階で、サンガの外の人になったと思います。もう資格はないと思うのです。

それは、「サンガの人とは、もう話し合う気がない」ということです。

そういうものを渡せば、そこを拠点《きょてん》にして、幸福の科学の亜流《ありゅう》の教団のようなことをやりかねない面があるので、教団としては活動資金や活動の場を与えることができないわけです。

現在、あのように近くに住みながら、教祖殿《きょうそでん》・大悟館《たいごかん》から宗務本部を追い出しにかかろうとして、一生懸命《いっしょうけんめい》、活動しています。この世の週刊誌や裁判所などを使って追い出しをかけ、教団壊滅《かいめつ》作戦をしているのです。

だから、今、ユダの活動そのものをやっていると思います。

「パパママストアの論理」は大組織には通用しない

「夫婦平等」的な考え方から全部を取りにかかってきているわけですが、それは、この世の論理そのものです。小さな「パパママストアの論理」、つまり、夫婦二人でやっているような八百屋《やおや》や魚屋の論理です。

しかし、千数百人の職員がいるような組織では、奥さんだからといって、事実上の社長や副社長の仕事ができるわけではありません。

また、宗教指導者としては、きちんと認定が必要です。「マスターかどうか」ということが、やはり、厳しく点検され、実力が示されなければなりません。

実際、総裁の近くにいると霊的な能力が開《ひら》けることぐらい、いくらでもあること は、最近、弟子たちが霊言を行えることで証明されています。総裁自身が巨大《きょだい》な磁《じ》石《しゃく》なので、そういうことが起きることは証明されていますし、今後も増えてくるでしょう。

彼女の場合は、「あくまでも自分が中心になりたい」という気持ちが、そうさせているのだと思います。

「常識」の立場から、悪魔《あくま》は仏陀《ぶっだ》に帰城《きじょう》を勧《すす》めた

これは大きな試練だと私は思います。

しかし、仏教の本道、仏陀《ぶっだ》の本道に戻って考えてみれば、「仏陀出城《しゅつじょう》」の折にも、やはり同じようなことは起きているのです。

仏陀は、カピラ城には父王や子供がいて、家臣もいるのに、それを捨てて出家したわけですが、〝天上界の神なるもの〟が、「年老いた父親は、どうするのだ。子供は、どうするのだ。妻は、どうするのだ」と言って、仏陀に帰城《きじょう》を勧《すす》めています。

これは「常識」の立場です。「出家する」ということ自体、「子や妻の面倒を見ないで、勝手なことをしてよいのか」という理由で、週刊誌的には批判されることだと思います。

しかし、仏陀は、六年間、修行に打ち込み、悟りを開くまで絶対に帰城しないでいました。それは、より大きな「衆生救済《しゅじょうきゅうさい》」という目的のためになしたことです。今、仏教徒で、それを非難する人は誰もいません。それは当然のことです。それが、やはり、仏陀の偉いところでもあると思います。

今、幸福の科学では、要するに、悟りから三十年もたった段階で、〝仏陀出城〟の意義について、「これは反社会的行為ではないか」というようなことを、外の者や外の媒体《ばいたい》を使って攻撃されている状態なので、組織として、そのへんのところがもちうるものかどうか、問われているところでしょう。

「ユダの復活」を決して甘《あま》く見てはならない

残念ながら、彼女の考える夫婦の倫理《りんり》を、モーセの十戒《じっかい》的に言えば、第一条は、「夫が妻を愛することは、すべてのものに優越《ゆうえつ》する」というものでしょう。「神よりも、衆生救済よりも、妻を大切にすることのほうが優先する」ということが戒律の第一条でしょう。

第二条は、「妻に逆らう者は、すべて滅《ほろ》ぼされなければならない」ということでしょう。そういう「夫婦教」ないし「妻信仰」のようなものを立てようとしていたところはあるでしょう。

彼女は宗教的なことにかかわりのある魂ですが、いろいろなところで〝複雑骨折〟している面はあるのではないかと私は思います。

言いにくいことですけれども、あえて、「実はユダが復活しているのだ」ということを私は申し上げました。私以外の人で、これを言った人はいないのですが、私はリーディングで申し上げました。

今回、試されていると思います。それほど甘《あま》く見ないほうがよいでしょう。イエスを十字架に架けた人ですから、甘く見ないほうがよろしいと思います。

B――　分かりました。

では、本日は、どうもありがとうございました。

A――　ありがとうございました。

ケイシー　はい。ありがとうございました。

5　信仰《しんこう》なき者は教団から去るべき

大川隆法　今の霊言《れいげん》は衝撃的《しょうげきてき》ではありますが、向こうから見れば、まさしく名誉毀損《めいよきそん》そのものでしょう。しかし、「自分に都合《つごう》のよいものだけは信じて、都合の悪いものは信じない」という立場は、やはり、信仰者《しんこうしゃ》の立場ではないわけです。

あなた（質問者A）は「金星のイボガエル」（『宇宙人リーディング』〔大川隆法著、幸福の科学出版刊〕参照）と言われても、信仰心は揺《ゆ》れなくて、相変わらず、「仏敵《ぶってき》とは戦う」という姿勢を崩《くず》さないでいるのでしょう？

プライドのほうが勝てば、「そんなことを言うのは偽《にせ》メシアに違《ちが》いない」と言うことだってできるのです。そういう人は世の中にたくさんいるので、「『金星の最高司令官だった』と言ってくれなければ、これは嘘《うそ》だ」と言うことは可能なわけです。

しかし、それも試《ため》しなのです。

彼女は、すべてを自分への信仰のほうに持っていこうとしているのだろうと思います。これは、「夫婦契約《けいやく》が何ものにも優先《ゆうせん》する」というような考え方ですが、「そうであれば、普通《ふつう》の人としての生活を送ってください」と言いたいわけです。田舎《いなか》の普通の人とでも結婚《けっこん》して、普通の家庭に住めばよいのだと思います。

使命の大きさから見て、釈迦《しゃか》の例から見ても、そういうことなのです。

今、「世界救済」と言って活動していることを、全部、否定しているのですから、ズバリ、インタビューをすれば、「エル・カンターレを信じていますか」と訊《き》いても、「信じていない」という答えになると思うのです。

それなら、やはり、「これまでのような立場にはいられない」というのは当たり前のことです。これを、そのままで置いておくことは、弟子《でし》のほうの不明でしょうし、今のようなことを言わせ続けるのは、結局、救世主を十字架《じゅうじか》に架けることになるのです。

「たまたまの幸運を、何度も何度も、繰《く》り返し上手に使っていく」ということには、やはり悪質な面があるように思います。

しかし、まあ、こういうものにはドラマが要《い》るのです。後追いになるのですが、いろいろなドラマがないと面白《おもしろ》くないわけです。仏伝《ぶつでん》であろうが、イエス伝であろうが、ドラマがないと、やはり、後々《あとあと》まで遺《のこ》りません。ドラマの配役としては、みな善人、みな善《よ》い人ばかりではなく、いろいろな役割が出てくるのです。

そのように思わないといけない面はあると思います。

ドラマの配役としてはあるのでしょうが、現実に活動している者としては、やはり、それに真剣《しんけん》に取り組まなくてはいけない面はあるわけです。

要するに、キリスト教を、いったん地の底に沈《しず》めるぐらいの力はあったわけなので、今回も、そうとう脅《おど》しをかけてきてはいるのです。

では、これは、このぐらいにしておきましょうか。

B――　はい。

大川隆法　これ以上、ケイシーに責任をかけてはいけないでしょうから。

B――　ありがとうございました。

第2章

大川隆法　家庭と伝道を語る

1 説法とは違《ちが》う角度から「自分なりの考え」を述べてみたい

大川隆法　最近は、外部からのインタビューはあまり受けておらず、ずっと説法を中心にやっています。質疑応答の時間もあることはありますが、私個人にかかわるようなことは、ほとんど話していないので、会員諸氏からさまざまな質問もあるかもしれません。また、政治家などであれば、マスコミから、たくさんインタビューされたりするようなこともあるかもしれませんね。

そこで、今回は、少し違《ちが》う角度から、自分の考えをいろいろ述べておいてもよいかなと思っています。「家庭と伝道を語る」と言っても、どこまで行けるか分かりませんが、普通《ふつう》の説法とは違う角度から、自分なりの考えを言えたらいいかと思います。

どこから始めましょうか。

Ａ――　それでは、まず私のほうから質問させていただきます。

本日は、このようなテーマで、わざわざ大川総裁にお答えいただきますことを、本当にたいへん申し訳なく思っております。弟子《でし》としての不明をお詫《わ》びいたします。

大川隆法　いえいえ、こちらも、自分のほうは語らないで、広報局だけでいろいろと対応させてしまいました。情報もなく対応していて、大変ではないかと思います。

Ａ――　いえいえ、とんでもないことです。

大川隆法　想像で答えるというのはお気の毒だと思いましてね（笑）。

A――　私からは、マスコミあるいは信者さん等からの意見も含《ふく》めて、質問させていただきます。

大川隆法　はい。

2　現在の心境について語る

A――　今、きょう子氏が、マスコミや裁判などで騒《さわ》いでおります。現在のこうした状況《じょうきょう》を総裁ご自身、どのような心境でご覧になっているかを、最初に、総論的にお伺《うかが》いできればと思います。

「穏便《おんびん》に離婚《りこん》してやるから財産を半分よこせ」

大川隆法　私は、基本的には、財産的な問題ではないかと思っています。あちらが「自分の貢献《こうけん》に比して、教団側がケチだ」と考えているあたりが原点であり、極《きわ》めてこの世的な反応をしているのではないかと思いますね。

直前に会おうとしたのは、去年の十月ぐらいです。まだ関係が切れていたわけではなく、私のほうが忙《いそが》しかったので、自宅にしばらく行っていなかったのです（通常は、教祖殿《きょうそでん》・大悟館《たいごかん》で聖務《せいむ》に携《たずさ》わっている）。

そのときは講演会のスケジュールがしばらく空いていて、ちょうど、「終着駅トルストイ最後の旅」という映画をやっていたので、「これは、家内に一回見せたほうがよいのではないか。誘《さそ》おうかな」と思って、自宅に行こうと思ったときに、代理人弁護士という人からの封書《ふうしょ》が届きました。そこから、弁護士同士の交渉《こうしょう》が始まったわけです。

向こうの弁護士は、「目立たないように普通《ふつう》の手紙にしました」と言っていたようですが、あちらの要求としては、「いろいろと具合の悪いことについては、黙《だま》って穏便《おんびん》に済ませてあげるから、大川隆法個人の財産の半分を、きょう子氏に譲《ゆず》れ。そうしたら、離婚《りこん》してやる」というものでした。いきなりそのような話になったので、こちらもちょっとびっくりして、それ以降、家のほうに行けなくなったのです。

それ以前から、あちらは、宗務《しゅうむ》本部のスタッフや子供たちとは、すでにほとんど関係が切れていて会えない状態になっていました。私だけが、ときどき合間を見ては会っていましたし、その前も、昨年の八月の終わりに一回行っています。八月二十二日はあちらの誕生日なので、「いつもは祝ってくれるのに、何もしてくれない」となると、だいたい暴れるからです。

昨年の八月二十二日は、私が福井に巡錫《じゅんしゃく》をした日でした。その日は、実は〝祟《たた》り〟があって、私が伸《の》びてしまったため、説法の開始が一時間以上遅《おく》れたのですが、福井から帰ってきて、二十何日かに、一回、自宅のほうへ行きました。ときどき、生活費と称《しょう》してお金を入れていたのです。秋冬物の服代等として三百万円のお金を持って行ったら、あちらはいなかったので、最近の子供たちの状況等を書いた手紙とともに置いて帰ったわけです。

その前は、五月の終わりぐらいに行きました。突然《とつぜん》、行ったので、そのときは「お昼ご飯が準備できない」ということで、昼食なしで追い返されています。

その翌日が月曜日で、当会は休みなので、私は電車に乗って一人で渋谷《しぶや》に出かけました。映画を一本観て出てきて、東急百貨店のほうへ歩いていったら、ドラッグストアの前で突《つ》っ立っている人がいて、それが家内だったのです。「何をしているの？」と訊《き》いたら、「ヨガの教室が終わって、ここで安い物を探していた」と言うわけです。私が、「東急に行って、ちょっと装飾品《そうしょくひん》ぐらい買おうかと思って」と言ったところ、「高いものはいっぱい持っているから、要《い》らないんじゃない？」と言われました。「それもそうか」ということで、一緒《いっしょ》に散歩をし、表参道で食事をして帰ったのです。

そうしたら、映画館の半券は一人分しかないのに、食事のレシートが二人分になっていたので、それを秘書に目ざとく見つけられ、「奥《おく》さんと示し合わせて行ったのでしょう」と追及《ついきゅう》されました（笑）。偶然《ぐうぜん》、会ったんですけれどもね。そのときは食事をして、それで別れたのです。

そういうことで、ちょっと忙しかったために、家のほうへは行っていなかったこともあるのですが、十月に弁護士を通じて、「離婚の申し立てをするけれども、穏便に済ませるから財産を半分よこせ」と言ってきたわけです。その後、交渉は断《た》たれた感じです。

弁護士を立てたということは、もう、会のなかの人間ではなく、外側の人ということになります。「教団の人たちとは、もう話をしない」ということですよね。当時、あちらは名誉《めいよ》相談役になっていたのですが、「それなら、もう辞《や》めてもらわなければいけない」という判断をして、十月末ぐらいに辞めてもらっていると思います。

もともと私は、財産など、個人のものとは思っていない

あちらが住んでいた家自体は、向こうからせがまれて、私の名前で、私の財産で立てた家でして、子供の二《ふた》家庭と一緒に住めるぐらいの三世帯住宅にしてあります。晩年にでも住めたらいいかなと思って建てた家ではあるのですが、あちらはそこに住んでいたわけです。

「財産をくれれば黙っている」と言っているけれども、そんな性格の方ではないのは直感的に分かります。おそらく、「いちおう足場と資金を手に入れたら、その後、戦闘《せんとう》状態に入ってくるのではないか」と推定されたので、以後、外側にいる人間としての対応に変わったということですね。宗務本部は、もう完全にシャットアウトしていたようではありますが、広報局のマターに変わってきたということでしょうか。

その家は、三世帯ぐらい住めるようにと思って大きめにつくっていましたし、晩

年、自分が現役を引退したあとに入ろうかと思っていたところでもあります。白金《しろかね》の土地でもあるので、わりに値段も高く、普通で言うと豪邸《ごうてい》に当たるものかと思います。建てるのに、十二、三億はかかったと思います。

これを、離婚して教団から離れていく人にそっくりあげてしまって、アンチ幸福の科学の団体の拠点《きょてん》にでもされると、やはり困りますのでね。そのため、「これは教団に寄付したほうがいい」と思って、私は教団に自宅を寄付しました。

私自身は、財産的なものも全部、個人のものではないと認識しています。当時はまだ、印税も入っていましたし（現在は、印税もすべて寄付している）、収入も、ある程度、高めにもらっていたのですが、それは、当会が昔、財政危機を経験したことがあるからです。会の収入の一定の部分を総裁に奉納《ほうのう》してもらうことで、それを万一のときのバッファーにして、資金ショートが起きないような体質にしていたところがあります。

ですから、そのお金はほとんど使わないで、ずっと貯金していたのですが、それも近年、幸福の科学学園とか、その他のいろいろな教団の事業に寄付し始めていました。

そういうことで、私は自分個人のものとは思っていないけれども、向こうは個人の財産と思っていて、「半分は自分のものだ」と思っているところはあったということですね。

私のほうはそうは思っておらず、教団の〝奥《おく》の金庫〟として、万一のときに足りないところを私が出さなければいけないと思っていたのです。ですから、向こうが「自分が知っている財産の半分をよこせ」と言ってきていることに対しては、「そういう個人の収入ではなく、お布施《ふせ》の一部を預かっている部分があるので、とてもではないが、あげられない」という考え方を示しました。

そうしたら向こうの弁護士も、「せっかく内緒にしてやろうとしていたのに」ということで、キレてしまったらしいのです。それで、家内はさらに外部の弁護士を何人も雇《やと》ってきました。当会の弁護士は弱いと見られたのでしょうか（笑）。教団の幹部や信者を使ったら、数はこっちのほうが多いに決まっていますが、弁護士対弁護士にしたら、向こうのほうが数を多くすることは可能なので、弁護士を三人も四人も雇ってきて、うちの弁護士一人と戦わせてやろうという策を巡《めぐ》らしたようです。

宗教のほうに入って、「信仰心《しんこうしん》だ、なんだ」と言い出したら話がややこしくなって裁判所が判断できなくなるので、この世的な論理で終わらせてしまおうということです。

普通の家ならば、「二十年以上結婚しているんだったら、財産を半分ぐらいもらえて当然だ」と考えられますしね。

ちなみに、向こう側の最初に出てきた女性の弁護士も、「過去の判例を見ると、慰謝料《いしゃりょう》というのは、あまりもらえないものですね。最高でも千五百万ですね」などと判例を見て自分で言っていたようです。

ただ、「持っている財産を半分よこせ」という要求に対して、「あげることはできない」という対応を取ったところ、「なめたな」ということで逆上し、弁護士をいっぱい雇って喧嘩《けんか》を挑《いど》んできて、弁護士戦みたいになってきた感じでしょうか。

当会の弁護士が、外の人にも多少相談したようですが、「こういうものは、あまり相手にしてはいけませんよ。週刊誌等に出たとしても、こんなものは放っておけば、世の中みんな、すぐ忘れてしまうような一過性のものだから、流しておけばいいのです。あまり騒いで泥仕合《どろじあい》になったら、向こうの思う壺《つぼ》になってしまいますから、泥仕合はしないほうがいい。大人の態度で、放っておいたほうがいいでしょう」という意見が強かったのです。「ただ黙って、仕事だけを淡々《たんたん》と続けていったほうがいい」という意見だったので、「そうかな」と思って、そういうふうにしてはいたのです。

ところが、あちらには仕事がなく、当会の弟子たちが誰《だれ》もついていかないので、自分が弁護士を雇い、陣頭《じんとう》指揮をとって喧嘩を売ってきたわけですね。

こちらのほうが、総裁から全然、何も聞けないような状態だと、負けてしまうかもしれません。向こうの立場上、いろんな細かい情報を引っ張り出してきて攻《せ》められると、「知らないために、けっこう、やられているのではないかな」と、最近ちょっと心配になってきたということです。

三年半もの間、「伝道させない脅《おど》し」をかけ続けていた

実は、当会の指導霊《しどうれい》の一人である行基《ぎょうき》からは、三年以上前、巡錫を始めたころに、「離婚したほうがいい」という指示があったのです。

「この奥さんでは、もう伝道ができない。これは駄目《だめ》だ。使命が果たせないので、離婚を勧《すす》める」という霊示《れいじ》が正式に降りていたので、そういうこともいったんは考えました。けれども、おととしの春ぐらいに、回心の兆《きざ》しが少しあったので、行基からは離婚の指示が出ていたけれども、「様子を見る」というような意見もあって、いったん止まったことは止まったのです。

ただ、向こうからすれば、去年、私が働きすぎたのが「罪」に当たるわけですね。

要するに、「妻を蔑《ないがし》ろにして働きすぎた罪」に当たるということで、そういう騒動《そうどう》になったのだろうと思います。以後、「なめられた」と思った弁護士も絡《から》んではいるでしょうが、あの家を根城にして、いろいろと相談しているようです。

さらに、かつて三男の「いじめ事件」では、家内は「週刊新潮」を訴《うった》えて暴れていたのですが、今では、そうした週刊誌にも泣きついています。

まあ、「いじめ事件」の原因も、かなりの部分は、家内が自分でつくったのだと思いますね。自分がＰＴＡで活躍《かつやく》しようとして、いい格好をした部分が、反作用として現れた面もあると思います。これに関しては、いちおう護《まも》る方向で、教団を使って戦いました。ただ、一部には正論もあったのですが、一部には、家内の性格の悪さもあっただろうと思います。その「いじめ事件」で当会を攻撃《こうげき》していた「週刊文春」や「週刊新潮」に、つまり自分が訴訟《そしょう》を起こした相手に今なぜか泣きついて、こちらのことを悪く書かせているわけですね。

例えば、自宅を教団に寄付するに当たり、当時の理事長が親切にも、「この家は教団施設になりましたので、看板を掛けさせてください」というようなことを、紙に書いて申し入れに行ったらしいのです。そうしたらあちらは逆上して警察に電話したりしたそうですが、そのことを週刊誌で、まるでオウム教団みたいなものが乗り込《こ》んできて、悪さでもしているような印象を与える言い方をしていましたね。十分、教団に対する名誉毀損《めいよきそん》に値《あたい》する行為《こうい》だと思います。

まあ、看板ぐらい、黙って掛けてしまえばよかったのです（笑）。家は向こうのものではないのですから、別に構わないわけです。「離婚するんだったら出て行ってくれ」というだけのことですから、当たり前のことですよね。少なくとも離婚したいのであれば、その家は出るべきですよね。教団施設であろうが、私の個人の持ちものであろうが、どちらでも一緒ですが、離婚したいのなら出るべきです。そこに住みながら、「総裁や教団を訴えるぞ」などというのは、信義則に反していると思いますよ。ましてや、信者さんのお布施で建てた家であることなど、まったく考えていない状態です。

さらに、これも行基の指導を受けてですが、「向こうは訴訟に持ち込んで、この世的な手段で解決しようとしているけれども、宗教としては信者さんのほうの理解を得ることが大事だ。真実を明らかにすべきだ」ということで、あちらの考えていることとこちらの考えていることの何が食い違《ちが》っているのかを明らかにするために、「文殊《もんじゅ》との対話」を収録して三帰《さんき》信者対象に流しました。

すると今度は、あちらはそれを捉《とら》えて、また逆上し、「名誉毀損だ。一億円の訴訟を打つ」などと言って暴れています。そのように、過去、離れていった弟子でもしなかったようなことをしようとしているわけです。

結局は、性格的にみて、「脅《おど》しをかけると、こちらが引っ込んで妥協《だきょう》してくる」と思っているのだと思います。過去、そうやって脅迫《きょうはく》したり脅したりすると、だいたい自分の我《が》が通ったため、同じ伝《でん》で、「たぶん教団がひれ伏《ふ》してくる。そうすれば、自分の壁《かべ》になっているところを全部崩《くず》して、元に戻《もど》せる」と思ってやっている面は、そうとうあると思います。

ただ、今回は、総裁が非常に頑固《がんこ》なので、「これはそうとう、おかしくなった」と思っているのだろうと思いますが、私は外向けに「不惜身命《ふしゃくしんみょう》で伝道する」と申し上げています。不惜身命とは「命を惜《お》しまず」ということですので、離婚ぐらいを恐《おそ》れていたのでは、とてもではないけれども不惜身命に値しません。もう三年半、「離婚するぞ」という言葉と「自殺するぞ」という言葉で脅されましたが、こちらが「離婚したかったら、してもいいですよ。離婚に応じますよ」と言ったときの反応から見て、ただの脅しであり、本心ではなかったのだろうと思います。

けれども三年半の間、「離婚するぞ」「自殺するぞ」と言って、伝道させない脅しを私にかけていたわけです。

また、私が伝道に出かけたら家が留守《るす》になりますから、その間に子供たちを集めては、外へ連れて行って食事をさせ、父親の悪口を吹《ふ》き込むということを毎週毎週、やられていました。

要するに、私が伝道に出られないようにしようとしていたわけです。「私が外に出たら条件反射的に子供たちが洗脳される」という感じで、伝道させないようにしようとしていたということですね。こちらが命懸《いのちが》けでやろうとしているときに、背後から銃弾《じゅうだん》で撃《う》つようなことをする妻であるので、これは、ギルティ（罪がある）だと思います。

子供たちも、最初は「本当かな？」と思って母親の話を聞いていたようですが、だんだん、「これは、やっぱり、ちょっとおかしい」と、みな思い始めました。

次男などは、もう逃《に》げ回っていて部屋にいない状態でした。いったん部屋に行ったら、家内がやってきて次男を引きずり出し、話をしたりするのです。捕《つか》まりたくないので家の中をあちこち逃げ、最後は真《ま》っ暗闇《くらやみ》の図書館のなかに隠《かく》れて夜を過ごしたりしたぐらいでした。あまり好ましい関係ではありませんね。

大悟館でなければ仕事ができない理由

巡錫による伝道が始まって一年ぐらいして、自宅が建ったかと思います。それで家内がそちらに移るということになり、そのときには、「家族も全員連れていく」ということだったのです。

私は、どちらでもいいと思ってやっていましたし、その自宅に何日か住んだこともあるのですが、実際は、宗務本部の人間が入れないようなかたちになっているので、そうすると、普通のサラリーマンのスタイルになりますよね。

それで私は仕事できるかということですが、事務連絡をはじめ、いろいろな資料類も揃《そろ》っておらず、私自身の「一日二十四時間、三百六十五日仕事をする体制」から見ると、全く仕事ができないわけです。それで、四日目ぐらいに、英雄《えいゆう》タイプの三男が姉と一緒に父親を連れ戻しにやってきました（笑）。「やはり大悟館に帰るべきだ」と言って、取り返しにやってきたので、木曜日ぐらいに帰ったのです。その後は大悟館のほうに、ずっといます。家内と一緒に住もうとはしたのですが、基本的には、宗務本部を切るための方法であったかと思います。

結局、仕事ができなくなっていくのが、私が大悟館から動けない理由です。自宅も大きめにはつくったのですが、せいぜい個人の住宅ですから、蔵書も数千冊置ければいいほうかなと思います。ほかの人は使わないとしてね。

もともと大悟館のほうは、実質的に、かなり資料庫としての意味があったので、半分は図書館なのです。十何万冊は本が置けるぐらいの蔵書能力があります。一年中、夜中も朝も仕事をしている私としては、資料がないと困ります。まあ、作家みたいな部分もかなりありますし、本の数は流行作家以上に書いていますのでね。だから、やはり資料がないと困るので、自宅のほうに足場を置けないわけです。

最初は、「自宅から大悟館に通ったらいい」とも言われていたんですが、なかなかそうはいかない面があります。別に、別居したいわけではないのですが、やはり図書館は持っていけないですからね。まあ、ある意味では、家内よりも本を愛したところがあるのかもしれません。

私自身、仕事で、いろいろな種類の話をいっぱいしているし、本も書いていますので、資料を手放すと陸《おか》に上がったカッパみたいになりますのでね。そういうところは、あったかと思います。そういうわけで、変則的なかたちになりました。

「母親についていかない」ということで、子供たちも全員一致《いっち》している

あちらは、子供も連れて住むつもりでいたのでしょうが、誰もついていかなかったわけです。私も、この世的なあり方から見て、「自宅に住んで大悟館に通うというスタイルでもいいかな」と、いったんは思ったのですが、子供たちが「どうするか」ということで会議をし、全員一致《いっち》で「行かない。大悟館から出ない」という決議をしたのです。

そこで私が、「もし、母親についていかなかった場合、離婚になるかもしれないが、それでも構わないか」という次の質問を投げかけたら、「ちょっと待ってくれ。もう一回会議する」ということで、また子供たちが集って三十分、会議をしました。その結果、「離婚になっても構わない。私たちは大悟館から移りません」という結論を出してきて、動かないことになりました。その証人としては、当時宗務本部に

いた、今の精舎活動推進局長とか、幸福の科学学園関西校の校長とかがいると思います。

それで、「一人だけで行ってください」ということになって、それが〝孤独地獄《こどくじごく》〟の始まりになりました。家は建てさせたけれども、結局誰もついていかなかったということです。もともとの必要度としては、私が晩年、引退して、次の代の人が教祖殿を使うようになったときに、引っ込むために要るかと思って建てたもので、二十年ぐらい早いと思ったものではあります。基本的に、あちらとしては宗務本部を切り離す目的があったのだろうと思いますね。

私には、「子供たちを育て、教団を護《まも》る」責任がある

そういうわけで、家内は自宅にいることになったのですが、結局、私としては、やはり、子供五人を護《まも》らなければならないし、それから、「教団を護る」という仕事があります。

そのため、「家内との信義を守る」ということと、「子供五人をきちんと育て上げ、さらに、教団を護って仕事ができるようにする」ということの天秤《てんびん》になりますが、「大義親《たいぎしん》を滅《めっ》す」ですよね。

長年連れ添《そ》ったので気の毒な面はあるかもしれませんが、やはり教団を潰《つぶ》すわけにはいきませんし、子供たちのなかには、未成年もまだ何人かいます。成人したのは二人、未成年が三人ですので、やはり子供のほうを捨てるわけにはいきません。

家内のほうが子供を捨てるのは、訳がないでしょう。昔から、しょっちゅう捨てていますからね。彼女は、若い頃《ころ》から、一年の内、だいたい二カ月ぐらいは家を空けて、海外によく行っていましたので、子供を捨てるのは簡単ですが、私のほうは、ちょっと捨てられません。「子供には責任を持たなければいけない」という気持ちがありましたから、実は、父親が子供に責任を持っている状態だったのです。

お釈迦《しゃか》様は、妻子をともに捨てたかもしれませんが、まだ私は、子供を捨てずに頑張っています。それだけでも健闘している状態ですし、「何とか、仕事でも役に立てればよい」と思って、やっているのです。

しかし、向こうのほうには、「夫を思うようにできなかった」ということで、かなり逆上しているところがあります。彼女が狙《ねら》っているのは、脅しで屈服《くっぷく》させて、現状を元に復帰させることだと思うのです。つまり、「まずは言うことをきかなかった宗務の連中をみなクビにして追い出し、さらに、教団の幹部も、自分に忠誠を誓《ちか》う人以外は全部クビにして入れ替《か》えたい」というあたりでしょう。

そして、自分が実質上仕切って、私のほうはお飾《かざ》りにしたいのだろうと思います。

子供に対しては、「自分より能力が下だ」と見ているので、事実上、二代目総裁になるつもりで、「自分が仕切らなければいけない。そのあとは、院政《いんせい》を敷《し》いてでも、九十まではやる」というような考えのようですね。

子供たちは、それを嫌《いや》がっているような状況です。

具体的には、長男と、かなりぶつかりが出てきたと思います。

子供たちの意見も、最後は長男がまとめたのです。「少なくとも、パパは仕事をしている。ママは仕事をしていない。したがって、仕事をしていない人の意見に、みんながついていっては駄目だ。仕事をしている人を支えなかったら、教団が潰れてしまう。仕事をしている人を護らなければ駄目だ」という意見で、長男が考え方をまとめました。

そのように、「パパのほうを支えなければ駄目だ」ということで、長男が意見をまとめたので、そのあと、子供のほうはまったく揺《ゆ》れていないのです。そのため、家内が可愛がったつもりでいた子供たちも、ついていきません。やはり、「パパの仕事の邪魔《じゃま》をしてはいけない。パパを護らなければいけない」ということで、みな同じ考えです。

そのへんは宗務本部のスタッフもまったく同じ考えですから、洗脳でも何でもありません。彼らも、真理を学んでいるので、そう感じているということだと思います。

信仰心《しんこうしん》がなく「宗教的な論理」が入っていない

家内のほうは、すごくこの世的な論理で言っているだけです。そうした、この世的な論理は、むしろ週刊誌などの考えに近いように見えますね。宗教的論理が入っていないのです。やはり、基本的に信仰心《しんこうしん》がないわけです。

以前、灯台守《とうだいもり》のたとえで、「灯台守の家族というのは、意外に駄目なのだ」という話を少ししたことがあります。「『灯台守がライトを点《つ》けて、遠くまで光が見えるようにしている』ということが、闇夜のなかで航行している人たちにとって、どれだけ頼《たよ》りになるか。霧《きり》の日などには、どれほど大事なことであるか。どれだけ尊い仕事であるか」ということを、灯台守の家族は意外に分かっていません。「そんな仕事なんて、スイッチを点けて、朝になったら消すだけでしょう」というぐらいにしか思っていないところがあると思うんですね。

そうした灯台守の仕事を大事なことだと思わずに、「それよりは、車でも運転して、街のレストランに食べに出られるほうが、よほど上だ」と思っているか、「ほかの職業のほうが偉《えら》い」と思っているか、それは分かりませんが、甘《あま》く見ているところはあるでしょう。

そのように、灯台守の家族は、なかにいても、仕事の意味が意外に分かっていません。世の中の人々が、それで照らされて、喜んでいることが分かっていないのです。

本来は、もっと早くけじめをつけるべきだった

そのため、家内などは、支部巡錫についても反対していました。「支部の会員さんたちに会えば、ずいぶん喜んでくれるし、彼らの助けにもなるんだ」と言っても、「そんなもの、くだらない。そんなことは、弟子がやればいいんだ。支部長の仕事だ」というような言い方でしたね。

もともと、私たちは、二十何年前から、基本的に考え方が食い違っており、彼女

は、いつも正反対の考え方をするタイプの人だったのですが、私は、「民主主義的には、反対の意見、野党の意見も聞かなければいけない」という考えを持っており、「反対の考えがあってもいい。参考になるものは参考にしよう」と思っていたのです。

そういうわけで、彼女は、支部巡錫にも反対でした。要するに、「支部で、二百人や三百人といった、数百人ぐらいの人に話をしても、時間効率が悪くてペイしないし、損だ。そうした行事は、大きい所だけでやるか、本部でやればいい」という考えで反対をしていたのです。

元はといえば、総本山をつくることについても、しっかり反対しましたし、まして や、宇都宮のような田舎《いなか》へ行くことについては大反対でした。また、東京正心館を建てることも反対しましたし、総合本部を建てることにも反対しました。

宇都宮へ行く前は、行くことに反対し、行ったら行ったで、帰ってくることに反対し、東京正心館を建てるのも、地方に正心館を建てるのも、全部反対しました。

支部を増やすのも反対でした。もう反対ばかりです。全部、反対なのです。

しかし、それは結局、「経営的な目がない」というだけのことです。私の本であっても、「経営論は、読んでも分からない」と言っていますので、結局は分かっていないのです。「分かっていないのに、口だけ挟《はさ》んでくる」というところでしょうか。そういうところがあったと思います。

最初は小さいところから始めたとしても、組織が大きくなれば、やはり身を引かなければならないところがあると思います。ところが、この口出しが止まらないのです。そのように、結婚ということを前提に、「『離婚するぞ』という脅しで、人事であろうが財務であろうが、全部、何でもやれる」というようなやり方には、公《おおやけ》の立場として、やはり許されない部分がありますね。

そのへんについては、私のほうも、だんだん厳しくなってきたところはあるでしょう。ただ、今の感想としては、「むしろ遅きに失して、みんなに迷惑《めいわく》をかけたかな」というようには思っています。

本来は、もっと前にきちっとけじめをつけなければいけないというか、少なくとも仕事の面からは撤退《てったい》させなければいけないところを、子供を担保に取られていた部分があって、できないでいました。しかし、子供が大きくなって意見を言うようになってきたので、やっとできるような感じになったのです。

3　救世主の妻としての役割を果たしていたのか

A――　今、灯台守のお話も出ましたが、そもそも、偉大《いだい》なる霊能者《れいのうしゃ》であり、救世主でもある方の妻、あるいは補佐《ほさ》であるという立場から求められる役割というのは、当然、普通《ふつう》の妻とは全然違《ちが》うと思うのです。そのへんの妻としての役割、あるいは補佐としての役割には、どのようなものがあるのでしょうか。

夫婦というよりは親子のような関係だった

大川隆法　まあ、功罪半ばしていた面は、すでに最初からあったとは思いますね。彼女は、大学を卒業して、すぐに結婚《けっこん》したので、社会経験がありませんでした。そのため、いろいろなことを教えなければいけないということで、夫婦というよりは、親子に近い感じだったのです。つまり、私が、父親の代わりみたいになって、教えなければいけないことが、すごく多かったように思います。

ただ、父親みたいに教えなければいけないことが多かったわりには、けっこう口を挟《はさ》んでくるというか、いろいろと言ってくるような感じだったでしょうか。ですから、社会的なルールみたいなものはけっこう破って、自分の主観的なものでやりたがる気《け》はありましたね。

その結果、だんだん、「私《わたくし》」のほうが優先してきて、宗務本部のなかで立てている一週間スケジュールを見れば、もう家内のスケジュールばかりが入っているような状況《じょうきょう》でした。

家内が、子供と出かけるスケジュールとか、マッサージに行くスケジュールとか、ヨガに行くスケジュールとか、ＰＴＡの会合に行くスケジュールとか、そのようなものだけが一週間入っていて、私のスケジュールが入っていないんですよ。

私の仕事はどこに入れようかという状態でした。仕事の予定を最初から言うと、向こうのスケジュールが立ちませんのでね。お稽古事《けいこごと》とか、そういうものにぶつってはいけないので、私はその隙間《すきま》を見て仕事をしなければいけないような状態だったのです。

そのため、当時は、ほとんどが、本部でビデオ録《ど》りをして、それを溜《た》めておくようなかたちの仕事になってしまい、公式行事がだんだんできなくなっていきましたね。

私のほうが家庭と仕事を護っている

A――　きょう子氏のように、ある意味で非常に念の強い方、念力の強い方が長い時間、大川総裁のおそばにいると、先生の聖務《せいむ》にも影響《えいきょう》が出たのではないかと思います。例えば、経典の内容の書き換《か》えとか、そのような霊的な作用や影響は、やはりあったのでしょうか。

大川隆法　彼女は、多少、曲がってはいるけれども、念が強いというか、信念が強いところがあったので、その意味で、それに反するものをはね除《の》けるような念力は持っていたと思いますね。

ただ、イエス様は、「そういう公務のほうの使命は、一九九一年ぐらいで終わった」と、実は言っていて、彼女は、二人目の子供が生まれたところぐらいで引かなければいけなかったのです。

本当は、弟子《でし》が私の仕事を手伝えるようにならなければいけなかったのに、弟子のほうも情けなかったですね。ただ、私のほうも十分でなく、彼女に少し頼《たよ》りすぎていた面はあったと思います。このあたりの数年間には、少し甘《あま》えもあったでしょう。

また、教団も初期のころで、歴史が浅かったので、かなり混乱が起きていたのです。当時、私は二十二、三歳《さい》の嫁《よめ》をもらったわけですが、教団内には、四十代、五十代、六十代の人もいて、そのなかで当時の家内にクビにされた人たちが黙《だま》っておらず、造反《ぞうはん》してワアワア言うので、けっこう大変でした。

ただ、あまりいろいろな考え方でやると、ぶれすぎるので、しかたなく、いちおう、夫婦で考え方を合わせてやる方向で乗り切ってきたのですが、彼女にとっては、やはり能力的に足りなくなってきた面がどうしてもあったと思いますね。

そのため、彼女は、それを乗り切るために、スタッフを家に入れるかたちにして、自分のほうは仕事を手伝うというスタイルをとり始めました。つまり、子供回りや家回りの仕事は、スタッフに全部任せてしまう感じで、投げてしまっていたのです。今、彼女は、いろいろなことを言っていますね。「夫には、奥《おく》さんの代理みたいな人がたくさんいる」というようなことを根拠《こんきょ》にして、こちらを攻《せ》めているようです。

しかし、そういうスタイルをつくったのは自分なんですよ。自分のほうが、育児や料理など、全部の家事をしたくないために、人を入れてそれをやらせ、主人の仕事だけを手伝うというスタイルにしたのです。自分でつくったものに対して、自分で文句を言っているわけですね。それは、私の責任でもなんでもなくて、自分が楽になるようにしただけのことなのです。

したがって、今、週刊誌的にいろいろ言われているようですが、やや違うのではないかと思うところがあります。それは、「奥さんがいて、子供と一緒《いっしょ》に家庭を営んでいるのに、亭主《ていしゅ》のほうが、勝手に外へ出て、浮気をして帰ってこなくなった」というような話にしているところです。

しかし、違うのです。その逆です。正反対です。家庭と仕事を護《まも》っているのは私で、向こうのほうが、勝手に外へふらふら出ていっているわけです。

私が支部巡錫《じゅんしゃく》をして伝道しているこの三年半ぐらいのあいだに、あちらこそ海外旅行に行ったり、国内を旅行して回ったり、温泉に行ったり、もう好き放題です。主人の許可もなく、持ち金で海外に行きまくって、誰《だれ》とどこへ行ったのかも、もちろん分からない状態ですから、こちらこそ、よほど疑わなければいけないのに、忙《いそが》しいので追及《ついきゅう》していないのです。

「いろいろな所へ行ったらしい」ということだけが、あとでお土産が来たりして分かることがよくありました。「あれ？　この土産《みやげ》から見て、もしかして上海《シャンハイ》へ行ったのかな？」とか、「この土産から見て、エジプトへ行ったのかな？」とか、たまに分かるようなことがあり、自分のほうは、事前に許可を求めることもなく、好き放題、外に行っていて、こちらが公務で出張することは許さないという状態だったのです。

私が外へ出る場合、全部スケジュールがあり、秘書がピシッと管理しています。それ以外のスタイルで家を出たことはありません。いつも、きちんと昼間から家にいるか、外へ出ても夕方の六時にはピシッと帰っていますので、こちらのほうが言われる筋合いはないのです。

あちらのほうは、まったく〝アリバイ〟のない行動をたくさんとっていますので、「世間様の見方とは全然違う」ということは申し上げておきたいと思います。

A―― つまり、本来なら、妻であり補佐である立場の方がやらなければいけない仕事を、本人ができない、あるいは放棄《ほうき》しているために、ある意味で、「智慧《ちえ》を使って大川総裁をお支えする」という体制をつくらざるをえなかったのですね。

大川隆法 そうです。

家事を軽視し、夫の仕事に口を挟《はさ》むことに関心があった

A――　そして、今度は、そういう体制ができたらできたで、それに対して、「女性問題だ」とか「一夫多妻だ」とか、そういうことを言っているというように理解してよろしいでしょうか。

大川隆法　そうではなく、自分のほうが手伝いをしてくれる女性スタッフをたくさん入れて、彼女たちがいないと回らないようにしてしまっているのです。

私は最初、反対していました。「やはり、家のなかには、あまり人を入れないほうがいい。それはきちんと守らないと難しくなるから、もう少し頑張《がんば》ってやったらどうか」ということを私のほうは言っていたのです。

しかし、本人は、仕事に口を挟《はさ》むほうに関心があったんですね。実家のほうの影響もあるのでしょうが、お手伝いさんがするような、子供関係や掃除《そうじ》関係、衣服関

係などの仕事はしたくないわけです。そうした家事は仕事として下に見ており、口出しのほうを専門にしていたのです。

私は、「最初、結婚を嫌《いや》がった」という話をしたこともあるように、本当はかなり結婚を拒否《きょひ》していましたし、「せめて一年ぐらい秘書でもしてみないか」という妥協案《だきょうあん》もはかってみたのですが、「秘書を一年間やると、できないことがばれてしまうので駄目《だめ》だ」ということで、もちろん、これも踏《ふ》み倒《たお》されました。「秘書はできないから、奥さんにもらえ」という論法だったのです。

要するに、「天上《あまあ》がり」なのです。秘書ができるのならよいのでしょうが、「できないから奥さんにしろ」というのは極論です。「秘書ができる人はほかにいるだろう。私はできないから奥さんにしろ」ということですから、何ともあきれる、すごく強引《ごういん》な論法ではあります。

ただ、秘書にできないということは、私もよく分かりました。それは、いろいろなことが抜《ぬ》けるからです。任せておくと、大切な予定がスケジュールからかなり抜けてしまいます。

三歩歩くと、言われたことをだいたい忘れてしまうのです。「これを頼んだよ」と言っても、傾向《けいこう》として、三歩歩いたらもう忘れてしまっています。そういう、自分に秘書がつかないと危ないような人だったので、秘書には使えないのです。

ところが、私についていると偉く見えるところがやはりあります。私と一緒に行動していると、天皇皇后両陛下みたいに見えるので、そこがいちばん〝おいしい〟場所ではあったのです。そのため、自分がいないときに行事をさせたくはなかったのでしょう。

確かに、たまに何かを思いついて、冴《さ》えたことというか、切れることを言う場合もありましたので、それについては、好意的に、善意に判断して、使えるところは使っていました。

要するに、例えば「あの人はバカだ」などと言うわけですが、言われてみると、「確かに、そういう面はある。愚《おろ》かといえば愚かかもしれない」と思ったこともあります。また、「あの人は害を及《およ》ぼしている。悪いことを考えている」というような指摘が合っている場合も、たまにあったのです。

そういうこともあることはありましたし、当時、言うことをきかない年上の幹部も多かったものですから、家内が突如《とつじょ》、暴れ出したりするとものすごく怖《こわ》いので、そのへんが役に立っていた面も一部ありました。

みな、彼女に対して、「突如、グワーッと怒《おこ》り出すところが怖い」「あの恐《おそ》ろしさだけは耐えられない」というように、ものすごい恐怖心を持っていたのです。

まあ、時代劇でいえば、刀を立てかけて昼間からお酒を飲んでいる用心棒の先生みたいなところが、ちょっとあったのかもしれません。「いざとなると、剣《けん》を抜いて暴れまくる。斬《き》って斬って斬りまくる」というところがあるので、「やはり、あの怖さがたまらない」と言う人がいたのです。

総裁は優しいので、甘く見られているところがあったのですが、「そばにいる、酒を飲んで刀で斬りまくる人が出てくると、ちょっと怖い」というようなところがあって、最初のころ、多少役に立ったことは確かにあったのです。

しかし、教団も、正常に運転されるようになり、いろいろなものができ始めて、マネジメントの世界に入ってくると、やはり難しくなってきました。

特に、彼女は単線の頭なので、一つのことしか考えられない傾向がありました。

一方、私は同時多発型でいろいろなことを同時に考えられるタイプの頭なので、それが分からなかったようです。彼女は、いつも一つのことしかできないので、私のその部分がやはりよく理解できないでいたところだろうと思います。

「文殊《もんじゅ》との対話」等に対して怒《おこ》っているのは、事実だと認めている証拠《しょうこ》

Ａ――　今、週刊誌等に出ている名誉毀損《めいよきそん》のところも、私どもからすると本当に理解できないのです。霊言はご本人も経験されていたはずですが……。

大川隆法　そう。やっていたことです。

A――　そうしますと、きょう子氏は、霊言がどういうものかは分かっているはずですね。

当会の場合、大川総裁が何度もおっしゃっているように、あえて、霊人《れいじん》の言論の自由を保障し、多様な個性の証明ということで出しているわけです。

それに対して、彼女は、今回、「『文殊《もんじゅ》との対話』等は名誉毀損だ」と言って、訴《うった》えています。このへんについて、総裁はどのようにお考えでしょうか。

大川隆法　それはね、「事実そのものだから怒《おこ》った。事実をばらしたから、怒っているのだ」と思います。「実際そうなのだ」ということを、ばらしてしまったので、実は怒っているのです。

名誉毀損というのは、本当は事実の証明があれば成り立たないものなのですが、事実そのものであるので、実は怒ったわけです。事実でなければ怒らないのですが、事実そのものであり、本性を明らかにしたために怒っているということです。

彼女は、そういう人だということを、知られたくなかったのです。外向きは違うようにしていたので、「そういう人だと知らせたことが許せない」ということだと思います。

もしかすると、第二の構想として、「文殊教団みたいなものをつくって、独立分派したい」という考えを持っているのではないでしょうか。私はそう見ていました。したがって、その妨《さまた》げになることをされたことに対して怒《いか》っているのではないかと思います。こちらは、当然、「それをやるのではないか」と思い、「彼女の本質を、みなさまによくお教えしておいたほうがよい」と思って、きちんと開示したわけです。

しかし、それは、彼女の第二の人生を妨げる行為になる恐れがあるので、怒《いか》っているのです。それを事実として認めると、文殊教団を開けないし、偽《にせ》文殊ということになると困るわけです。そういうことだと思います。

Ａ――　まさに、「看板を穢《けが》された」というかたちになるわけですね。

大川隆法　そういうことです。

「すでに、幸福の科学は自分のものだ」と思っていたのに、「違う」と言うのなら、別の神聖な幸福の科学が必要だということですよね。「これはインチキ教団であるから、別の教団をつくりたい」というぐらいの感じだったと思うのです。

そのスタートを切ろうとしていたのに、ちょっと足払《あしばら》いをかけられたようなところが許せず、その怒《いか》りの部分が一億円ぐらいになって、脅《おど》しをかけているのです。「それほど怒《いか》るぐらい、真実とは違うのだ」ということを、世間に知らせたくてやっているわけですね。そして、彼女の本当の狙《ねら》いは、教団を割ることにあるのですが、自分がこれだけ対立的になって意見を言っているのに、教団が割れないのが悔《くや》しくてしかたがないのです。

「幹部たちも割れて、自分についてくるだろうし、さらには、信者も三万人ぐらいはとれる」と踏《ふ》んでいたところがあります。三万人ぐらいついてくれれば、別教団をつくれます。一教団をつくったぐらいの仕事ができますので、本当はそのあたりを狙っていたと私は思います。

ところが、なぜか、みなさんがあまりついていかなかったので、そのへんのところを怒《いか》っているのでしょう。

「旗揚《はたあ》げをする」という次のステップに出られないように先手を打たれたので、そうとう腹を立てているのだと思います。

A——　ありがとうございます。

4　以前から悪くなっていた母親と子供の関係

C――　今のお話で、「お子様たちが、きょう子氏をどう見ているか」ということも教えていただいたのですが、きょう子氏は、「自分の守護霊《しゅごれい》の霊言が出てから、子供たちとの仲が悪くなってしまった」というようなことを週刊誌で主張しています。しかし、今のお話を聴《き》いていると、ずっと前から……。

二〇〇九年十月、長男が、私に離婚《りこん》を勧《すす》めに来ていた

大川隆法　ずっと前からですね。それは、まったくの嘘《うそ》です。

私のほうは、夫婦関係を維持《いじ》できるように努力していましたが、実は、子供のほうから、そうとう意見が出ていたのです。

例えば、二〇〇九年には、「仏陀再誕《ぶっださいたん》」の映画をつくりましたが、映画公開の少し前、十月四日に、横浜アリーナで一万人ぐらいの講演会をやりました。その翌日、長男がやって来て、「パパ、そろそろ、けじめをつけろよ」と言ってきたのです。「え？　けじめってなんだい？」と訊《き》いたら、「夫婦間のけじめをつけろ。きちんと離婚《りこん》しろ」というようなことを言うわけです。

私は、少し、人間が〝古い〟のでしょうか。「離婚というのは、子供にとってはマイナスのことであり、悪である」と思っていたので、我慢《がまん》していたのです。しかし、子供のほうから、「けじめをつけろよ」と言ってきたので、そのときは、いささか軽いショックを受けました。その後、しばらくはそういうことをきかなかったので、長男も、春頃《ごろ》まではおとなしくしていたようです。

ただ、「言っていることは正しいかな。最近の子は立派だ。そこまで言うのか」と思いました。要するに、「パパと釣《つ》り合っていない。ママは仕事の邪魔《じゃま》ばかりしている。はっきり言って、もう切らなければ駄目《だめ》だ」ということと、「ママに対して甘《あま》すぎる」ということを、長男のほうはだいぶ言っていたのです。

学校への対応をめぐって、子供たちから批判される母親

下のほうの子供たちも、みな、ずいぶん早くから……、そうですね、もう、小学校高学年か中学校に入るぐらいから、批判的な意識は、かなり、はっきりと芽生えていて、「ママはおかしい。間違《まちが》っている」ということをずいぶん言っていました。内部事情を明かすようで言いにくいのですが、三男の「いじめ事件」のとき、三男は小学校五年生で、次男は中学一年生でした。

当時、大川きょう子は、ＰＴＡの役員というか、学年のまとめ役のようなことをやっていたのですが、かなり、〝いい格好〟はしていたようです。宗務本部のスタッフを使って事務的な仕事を全部やらせ、いかにも自分は仕事ができるように見せていたのですが、周りのお母さんがたから、「やりすぎではないか」とずいぶん言われていました。「去年、そういうことをやって、白血病かなにかで倒《たお》れて死んだ

人がいる」などと言われ、遠回しに注意されていたのです。

そして、三男へのいじめが発覚し、学校との戦いに入ろうとしていたとき、私の隙《すき》を見て、「担任をクビにしろ」というような内容のファックスを学校に送ってしまい、それで、学校との関係が膠着《こうちゃく》状態に入ってしまったのです。

あのとき、次男などは、家内が書いたものを読み、「これは駄目だ。これを学校に送ったら、弟は転校しなければいけなくなる。もう、やめろ。ママは間違っている」と言っていました。

「学校では、いじめがしょっちゅう起きていて常態化している。『自分は正しい』と思っているかもしれないが、『クビにしろ』と言ったって、通らない。弟が転校させられることになるから、こんなファックスを送っては駄目だ。ママは間違っている」と言っていたのです。中一でありながら、意見をすでに持っていたわけですね。

そのあと、いじめ問題の撲滅《ぼくめつ》に関する運動に、私の考え方でもって持っていきました。それは、「必要がある」と思って、結果的にそうしたのですが、ただ、当初、個人的な行為としては、少しやりすぎた面はあったかなと思います。

つまり、少し公私混同の面があったかと思うので、私のほうで、公的な運動のほうに持っていって、昇華《しょうか》したわけですね。

まあ、そういうところが、子供たちから、かなり批判を受けていました。すでに以前から、いろいろな面で、そうとう批判を受けていたのです。

長男に対する「虐待《ぎゃくたい》」はあった

長男に関しては、中学に上がる前、母親から、そうとう、いじめられていました。長女以下がそれを見て、「あれは、もう、どう見たって児童虐待《ぎゃくたい》だ」と言っていました。みな、そういう認識をはっきりと持っていたようです。

要するに、やり方というか、言い方が、ちょっと横暴《おうぼう》なんですよ。「私が教えたのに受験に落ちたのは、けしからん」と言うわけです。

しかし、実際のところ、家内が教えた子は受験に落ちて、家内が教えなかった子は、みな受かってしまったのです。だから、これは逆の見方もあるのです。「教えたから落ちたのであり、教えなかったから受かった」という考えもあるのですが、そういう可能性は全然考えることができないタイプなのです。

「私が教えたのに落ちたのは許せない」ということで、「もう、私に対する名誉毀損《めいよき そん》だ」とでも感じているようでした。「私に恥《はじ》をかかせた。私が教えたのに落ちたやつは、徹底的《てっていてき》に許さない。もう、おまえはバカだ！」と言って、長男を、そうとう、いじめていたのです。

そこで、私のほうがカバーに入り、「まだ中学受験ぐらいでは、人生は分からないよ。高校受験も大学受験もあるし、その先もあるから、この先、人生はまだどうなるか分からない。そんな簡単に決めてはいけない」と言っていたのに、向こうは、「中学受験で落ちたから、もう廃嫡《はいちゃく》だ」などと言っていたのです。それはまるで、「数学ができないから、医者の跡継《あとつ》ぎになれない」と言っているような言い方でした。

高校受験のときも、やっていましたね。そういうことを言われて、子供のほうには、そうとう圧力がかかり、ちょっと、怖《こわ》い存在に見えていたようでしたね。

5 なぜ、巡錫《じゅんしゃく》を妨害《ぼうがい》し続けるのか

C―― 大川総裁が支部巡錫《じゅんしゃく》を始められたとき、信者さんがものすごく喜ばれ、非常に伝道が進んだのですが、そのときに、きょう子氏は、「男性の秘書だけを連れて行け」と言っていました。
どこから見ても、嫉妬《しっと》としか思えない、巡錫を邪魔《じゃま》する行為《こうい》としか思えないことをしていたわけですが、そのあたりの実情はどうだったのでしょうか。

巡錫《じゅんしゃく》は、本来、男女の秘書を連れて行かなければ成功しない

大川隆法　実際そうでしたね。巡錫《じゅんしゃく》を始める以前に、箱根精舎《しょうじゃ》に一泊《いっぱく》で行けたことがあります。そのときは、男性二名だけを連れて行きましたが、まあ、それは、実に〝気持ちのいい〟仕事でしたね。今、幸福の科学出版の社長をしている方が秘書としてついて来たのですが、彼が、ズボンの裾《すそ》をめくり、足の毛をいっぱい出しながら、風呂《ふろ》のシャンプーを片付けたりしていました。あまり気持ちのいいものではありませんでしたね。正直に言って、私は、「もう二度と結構です」という感じを受けました。

やはり、男性に向いている仕事と、女性に向いている仕事とがあるのです。普通《ふつう》のサラリーマンの出張のようなことで済むなら、それでもよいのですが、きちんとした行事をやるとなると、劇団が大勢の人を連れて行くように、ある程度、男女共に、いろいろなタイプの人を連れて行かないと、成功しないのです。

衣装だとか化粧《けしょう》だとか、いろいろな備品だとか、そういうものは、やはり女性もいないとできません。男性は神経がそこまで届かないので、無理なのです。男性は、荷物を持ったり、警備をしたり、連絡《れんらく》をしたり、そういうことはできるのですが、女性がいないと、できないところもあるわけです。

根底にあるのは「嫉妬《しっと》」と「権力維持《いじ》への執着《しゅうちゃく》」

結局、女性秘書を連れて行くことに対して嫉妬されたために、巡錫ができなかったのです。基本的には、そうだと思います。

「総合本部への往復」と「東京正心館への往復」までは許していただいていたのですが、大悟館《たいごかん》から十分以内でなければ行かせてもらえず、渋谷《しぶや》精舎（現ヤング・ブッダ渋谷精舎）に行くのさえ許してもらえなかったこともあります。

以前、渋谷精舎で行事を計画（二〇〇九年十二月）していたときも、やはり行くことができなくなり、いったん「行かない」と言っておいてから、私一人でタクシーに乗って、渋谷精舎まで行ったことがあります。秘書を使うとスケジュールが入り、ばれてしまうからです。

さらに何年か前の渋谷精舎説法の前日だったか当日だったかは忘れましたが、当時、秘書局長をしていた女性の守護霊《しゅごれい》が、大川きょう子のところにやって来て、「あなたはクビです」と言ったそうです。そこで、家内が、泣き叫《さけ》んで暴れ、もう、手がつけられない状態になったので、しかたなく、その女性を秘書局長から異動させました。そのため、秘書なしで行くしかなくなったことを覚えています。あとから、追いかけてきた職員と、総合本部から来た職員とがいて、何とか行事はできましたが。

まあ、そのように、「渋谷に行って帰ってくるのも許せない」というか、要するに、「自分が仕切っていなければ許さない。自分なしで行事をやるのは許さない」ということですね。

その日、確か、家内は、ＰＴＡの会合か何か、ほかの予定を組んでいたんですよ。

「自分は行けないから許さない。秘書だけでやるのは許さない」ということで、そんなことまで嫉妬するのです。これでは、泊《と》まりでの巡錫などできません。

ほかでも、同じようなことがありました。それは、千葉県の市川支部に日帰りで行こうとしたときのことです（二〇〇八年八月）。土曜日に行く予定でしたが、家内が反対するので潰《つぶ》れてしまい、三男が怒《おこ》って抗議《こうぎ》したのです。「みんながパパを待っているのに、あなたのせいで行事が潰れた。どう思っているんだ」と言って、三男から糾弾《きゅうだん》されていました。（翌日、市川支部に行き、説法を行った。）

このように、「自分の権威《けんい》というか、沽券《こけん》にかかわるので、自分なしでの行事はやらせない」というところがありました。こういうところは、実に不思議ですけれども、権力維持《いじ》への執着《しゅうちゃく》でしょうか。「自分を通さずしては、何もできないようにしたかった」という気持ちが大きかったのでしょうか。

海外巡錫のときも、そうでした。海外巡錫の第一回はハワイでしたが（二〇〇七年十一月）、あれも、ずいぶんないじわるをされ、結局、宗務本部スタッフは誰《だれ》一人ついて行っていないのです。秘書ゼロなんて、ありえないことです。「秘書を全員、日本に置いて行け。それで行けるのなら、行ってみろ」ということでございまして、秘書は誰もついて来れなかったのです。そのため、国際局長一人だけ連れて行って、ハワイで英語説法をして帰ってきたのです。

まあ、大変ではありましたが、それでも、やってのけましたのでね。ですから、なんだか、失敗すると喜ぶような感じのところがありましたね。

向こうのほうは、海外によく行っていました。ただ、添乗員《てんじょういん》やガイドを連れて行く大名旅行風にしかやらないので、視察程度では行けたけれども、海外での行事は全然しませんでしたね。

伝道活動を妨《さまた》げる妻など要《い》らない

そのように、やはり、ある程度の妨害《ぼうがい》はありました。要するに、「自分が主導権を握《にぎ》れなければ、行事はやらせない」というようなところは、ずいぶん、ありましたね。

それは、基本的には嫉妬心だと思いますし、また、ある意味では、社会性が足りず、社会における組織仕事のあり方が分からないというか、秘書の機能を理解していないところがあったからだと思います。「自分の手伝い以外の機能は理解しない。それならいいけれども、秘書の機能は認めない」というわけです。

「自分は秘書ができないから、奥《おく》さんにもらえ」と言って、押し売りしてきたわけですから、自分に秘書ができないのは分かっているのに、「総裁の秘書は認めない」ということです。そのため、私のほうは、総合本部と東京正心館以外では説法ができなくなり、十年ぐらいの間、事実上、講演会は潰れていたと思いますね。あきらめていました。

男性の秘書たちも、少しだらしなくて、家内を通じて私の指示を受けていたため、家内の部下になってしまっていたところがあります。また、そこを通さないとできないので、「全部、言うことをきけ」というかたちで、女性秘書への差別もけっこうやっていたと思います。「スカートははかせない」とか、「総裁の顔を見てはいけない。見たら反省文提出」とか。だから、私から見ると、何のために仕事をしているのか、少し分からないような状況《じょうきょう》でしたね。

伝道は、やはり宗教家の基本です。伝道できないぐらいでしたら、奥さんをもらわないのが一番です。はっきり言って、要《い》りません。

大きな組織についての考え方をもっと学ぶべき

しかし、いったん結婚《けっこん》してしまったら、もう、鎖鎌《くさりがま》でつながれたような状態ですからね。インドの神々のなかに、鎖鎌のようなものを持っている神がいたかもしれませんが、彼女がもし神様だとしたら、そんなタイプの神様でしょうね。

私は、結婚したからといって、そこまで相手を縛《しば》るというのは、度が過ぎているのではないかと思います。アメリカでは、夫婦で仕事をしている場合もありますが、「お互《たが》い、仕事についてはあまり口を出さない」というのは、ひとつの法則ですよね。

そのように、「家のなかでやれるような仕事以外はできない」ということで、宗務本部が家庭と一体のようになっていましたが、向こうの目には、小さな家内制手工業のように見えていたのかもしれません。

宗務本部は中枢《ちゅうすう》部分であり、実際は、その外側に大きな組織があって、そこでも仕事をしていますのでね。要するに、外側の大きな組織の部分がイマジネーションできなかったのだと思います。自分の使っている人のところだけを管理するのが仕事であるかのように思っていたのでしょう。

それから、宗務本部にいた秘書たちも、私の考えと、あちらの考えが違《ちが》うことが分かっていて、「これは先生の考えなのか。そうでないのか」が分からず、困ることもあったようですが、私と直接会うことは許さないし、「目も合わせてはいけない」などという指示も出ていたらしいので、私に問い合わせることができないような状態になっていました。

私のほうは、冗談《じょうだん》で、「これは、もう、大悟館のなかで死んでいても、半日ぐらいは発見されないだろうね」と言っていたぐらい、秘書のほうからのアクセスは不可能だったのです。それでいて、家内のほうは、けっこう外に出かけていたのです。だから、「死体になっていても、分からないだろう」と、冗談で、私が言っていたわけですが、そんな状態だったので、仕事目的の組織にはあまりなっていなかったですね。そのへんは、何て言うか、個人の都合に合わせて全部出来上がったようなところはあるかと思います。

まあ、これは、本人が生まれ育った環境《かんきょう》をまねした面も一部にはあるので、同情の余地もあることはあるのですが、やはり、大きな組織についての考え方を知っている夫の言うことをきくべきだったと思います。そのへんは全然学ばなかったですね。

一緒《いっしょ》にいて苦労の絶《た》えない妻だった

C――　きょう子氏は、自分の思いどおりに行かないと、ときどき、ヒステリックになったりして、私も、そういう怖《こわ》いところを見たことがあります。大川総裁も、たいへんご苦労されたと思いますが。

大川隆法　ええ、たいへん苦労しましたよ。「秘書ができないので奥さんにしろ」などと、こんな恐《おそ》ろしいことを言うわけですからね。

まあ、若気《わかげ》の至り、不明の至りでございまして、やっぱり、いけませんね。人は自信を持ちすぎてはいけない。私は、どんな女性とでも結婚できるぐらいの自信があったのですが、少し、うぬぼれすぎていたところを、今、反省しています。「自分はどんな人とでも大丈夫《だいじょうぶ》。合わせられる」というつもりでいたのですが、なかなか、そうはいかない面もあったということですね。これほど不自由するとは思いませんでした。

あちらは、海外に、行事としては行かないのですが、視察にはよく行く人で、出産すると、そのご褒美《ほうび》と称《しょう》して、翌年《よくとし》には、よく海外に行っていたのです。ただ、いつも添乗員とガイドを連れて行くのですが、私のように海外に住んでいたことのある人間から見ると、なんだかバカバカしくて、ちょっと、やっていられないのです。一言も英語をしゃべることなく帰ってくるんですよ。こんなことは、もう信じられないのですが、言うと怒るので、もう、黙《だま》って、一緒に行っていました。

とにかく、「いつも、自分が最高でなければいけない」というようなところがありましたね。本当に難しいところがありました。

6　『若き日の妻へ』発刊の背景とは

C――　『若き日の妻へ』という本には、きょう子氏のことが非常に美しく書かれていて、今、思うと、本当にご慈悲《じひ》としか思えない本なのですが、こちらを出されるに当たって、何か、脅《おど》されたりしたのでしょうか。

大川隆法　そうなんですよ（笑）。それは、以前、病気をして、退院した翌日に、口述で収録したものです。「妻への感謝を語る」ということで録《と》っておいたのと、あとは、自分自身に万一《まんいつ》のことがあったらいけないと思って、ちょっと持ち上げて言ったところもあるのです。内容は、だいたい一九九〇年前後で話が終わっていますが、それは、「それからあとについて語るのは非常に厳しい」ということです。「そのあと、子育ての問題とか、仕事上のトラブルがたくさん出てくるので、語ることができない。歴史を確定することができない。その後《ご》の事情によって、どのようになるかは、少し判定ができないので、若いころの話ぐらいだったら、何とか話せるかな」ということで、そこを、持ち上げたわけです。

それを出した理由としては、もう一つあります。当時、私は、父と母に対しての本を書き、『回想の父・善川三朗』『母の教え』（ともに宗教法人幸福の科学刊）の二冊を出しましたが、これに、けっこう嫉妬《しっと》したのです。「親の本を出したのに、妻である私の本がない」と言って、けっこう嫉妬していたので、「まあ、何か一つ、つくらなければいけないかな」と思ったわけですね。それと、「万一のときのために、ちょっと、神格化してやらなければいけないかな」と思って、持ち上げてしまったのです。

この本を書いたのと、文殊館《もんじゅかん》や文殊堂をつくろうとしたのは、だいたい、似たような時期だったと思います。

そのころ、あちらのほうは、自分が二代目総裁をする構想を持ち始めていたのだろうと思います。しかし、まだ私には天命があり、仕事ができるようになったので、向こうのほうは引き下げ始められたのです。それで、今、ちょっと、暴れているのではないかと思います。

ただ、「病気をした」と言っても、その原因は、かなり、あちらのほうにもあります。栄養管理ができていないので、肥満もしていましたし、運動も何年かストップしていたこともあって、体の具合が少し悪くなっていたのですが、それを見過ごしていたところがあったと思います。それに加えて、最後、言葉の猛攻《もうこう》を受け、それで、ちょっと心臓に来てしまって、倒《たお》れたところがあるのです。

まあ、全部善なることとは言えない面がありますね。

だから、その本は、そういう弱気のときに、つくったものではありません。

7 「霊言《れいげん》が混乱の原因」という主張は正しいのか

A――　最近、きょう子氏は、いろいろなマスコミに、例えば、「受験について自分が決めたことが、全部、霊言《れいげん》ひとつで変えられてしまった」とか、「総合本部が宇都宮へ移転したとき、それぞれの霊人《れいじん》の意見が違《ちが》って、混乱した」とかいうようなことを言い、要するに、「霊言でもって、教団や家庭が混乱させられている」と言い張っています。

しかし、私は、その主張は、事実とはかなり違っていると思います。霊言はあくまでも参考意見の一つであると考えておりますが、このへんについてはいかがでしょうか。

私は、いろいろな霊人《れいじん》の意見を聴《き》くが、最終的には自分で判断している

大川隆法　彼女は、どうやら、「近くにいる人の影響《えいきょう》を私がそうとう受けている」という判断をしていたようですし、霊人《れいじん》が意見を言ってくることに対しても、自分が審神者《さにわ》をしているようなつもりでいたようです。そして、「すべての判断は、自分を通してでなければ、できないのだ」というようなことを、当時、宗務本部にいた人たちに、一生懸命《いっしょうけんめい》、洗脳をかけていたようですね。

「自分を通さずして正しい判断はできない。総裁は、いろいろな霊の言葉を聞いていて、右にでも左にでも、どちらにもなるので、当てにならない」というようなことをずいぶん言っていたようです。また、「総裁は、そばにいる人の影響を受け

るから、自分を通したものだけが、正しい判断なのだ」というような言い方をして、それを職員にだいぶ信じ込《こ》ませていたようです。考え方の違いをはね除《の》けて、自分の意見だけでやるために、いろいろな戒律《かいりつ》を勝手につくって、やっていたようです。

しかし、「大川きょう子がいなくても、教団は回る」ということは、彼女の役職を外してみたら、みなさんも分かったでしょう。

「私がそばにいる人の影響を受ける」というのは事実ではありません。私はいろんな意見は聴《き》きますが、最終的には自分で判断をします。そのへんの使い分けは、きちんとできています。

特に、彼女は、教団の運営を自分で仕切りたがっていましたが、運営面での見識が足りなくなったところが大きいだろうと思います。それを強く感じますね。

誰《だれ》でもよいのですが、例えば、「あなた（質問者A）が、私の秘書になったら、あなたの意見で教団が全部動かされる」というような言い方をするわけです。しかし、全部、あなたの意見では、私は動かないですよ。いろいろな人がいますのでね。

それは誤解です。

まあ、宗教では、そういうことは、権力争いでよく起きることではあります。立《りっ》正佼成会《しょうこうせいかい》でも、「庭野日敬《にわのにっきょう》」対「長沼妙佼《ながぬまみょうこう》」の対立がありました。霊示は長沼妙佼に降りる。庭野日敬には霊能力がないが、「審神者は自分である」と思っている。

そこで、「どちらが教祖か」ということで対立が起き、長沼妙佼を教祖に立てようとする運動が起きたのですが、たまたま長沼妙佼が死んでしまったので、庭野日敬のほうが残ったのです。「『法華経《ほけきょう》』に照らして解釈《かいしゃく》ができるから、自分のほうが正しい」ということで、会長になりましたね。当会と違って、男女の立場が逆ですけれども。

東大卒だからといって、成功できるとは限らない

彼女に関して言うと、根本的には、「自分は世界一賢《かしこ》い」と思っているようなところがあるのではないでしょうか。そういうところが、すべてのような感じがいた

します。

私は、学校の勉強がよくできて、学歴等の高い人をたくさん見てきました。例えば、東大卒は毎年三千人もいますが、全員が天才ではありません。そのなかに、事業を起こして成功する人など、何人いるか分からないぐらいです。大まかに言って、半分ぐらい成功すればいいほうで、あとの半分はどこへともなく消えていく人たちなのです。私は、「東大を出たからといって、どうということはない」ということは分かっています。「学歴」と、「仕事での評価」すなわち「仕事ができるか、できないかという評価」は別のものであるということを知っているのです。

ところが、あちらのほうは、それが分かっていないのです。「学歴がすべてだ」と思っているようなところがあり、特に、女子の東大卒ということへのうぬぼれは、すごかったです。「女子の東大卒は人数が少ない。男子はたくさんいるけれども、女子は少ない。希少価値があるから、偉《えら》いのだ」と思っているようなところが、だいぶ、ありましたね。

しかし、実際は、彼女は、文学部系で、実学は勉強していませんでした。そのため、本当は、社会の仕組みや組織の動かし方が分かっていなかったのです。あちらは英文科でしたが、英文学のなかでも、一部の学者の勉強をしただけにしかすぎなかったのです。そういうところでのズレが大きかったので、やはり、社会人になってから、実学などを勉強しなければいけなかったのではないかと思います。

8　能力面を客観的に検証する

B――　今のお話とも関連するのですが、彼女は大川総裁のすべてを知っているような言い方をしています。しかし、総裁は、霊能力《れいのうりょく》においても、あえて使われていないものが、かなりおありだと思うのです。

実際に、総裁の力を知りうる能力を彼女は持っているのでしょうか。

「投資」と「消費」の違いとは

大川隆法　うーん、そうですねえ。

まあ、結婚《けっこん》して、いちばん困ったのは、両者の能力が開《ひら》いていったことですね。新婚のときには、物が何もないような小さいところから始めましたが、十年、二十年と組織運営をしている間《あいだ》に、私の能力と彼女の能力との差が、どんどん開いていったのです。十年、二十年の間に、それを、まざまざと見てきました。

彼女は、勉強ができる環境《かんきょう》にいて、雑用が一切《いっさい》ないような状態だったので、差が開いていくことには、やや納得がいかないようでしたね。

ただ、彼女が私の力の全部を認識するのは不可能です。特に、勉強の量がまったく違《ちが》いましたのでね。

私が普通《ふつう》の霊能者と違うのは、この世的な仕事がきちんとできることです。実務的な判断ができますし、組織の運営もできるのです。

このへんが、いわゆる「霊がかり」のおばさんとは違います。そのような人は世の中にたくさんいますが、私がそういう人と違うのは、やはり、「組織がつくれて、その運営ができる」というところです。

彼女としては、それを自分の手柄《てがら》に帰《き》したいところでしょうが、実は関係がありません。彼女は横から余計な口出しをしていただけであり、それによって私はエネルギーをロスしていました。要するに、彼女はすぐに反対運動をするので、それを説得するのが大変だったのです。

今は、幹部たちが育っており、彼らは、各局の責任者として、ある程度、責任を持って仕事をしていますが、初期には、私より十数歳《さい》も年上の人が理事長をしていた時期が長くありました。

当時は、「家内と宗務部門の長と理事長の三人ぐらいと相談して決める」という、小さな規模で経営していましたが、理事長が年を取っていたので、企画《きかく》などをグリップし、握《にぎ》り潰《つぶ》す力がそうとう強く、そこを通さないと何もできないようなところもあったため、総合本部と私のところとは切れていたのです。

つまり、総合本部が会社のようになっていて、宗務本部のほうだけが宗教部門のようになっていた部分はかなりあると思います。

その三人と相談して物事を決めていたため、当時の教団幹部たちには、私が指示したことであっても、それを疑い、なかなか言うことをきかないことをもって〝仕事〟にしていたところがあります。

先般《せんぱん》もどこかで少し話したのですが、「上司が三回ぐらい同じことを言わなければ、部下はそれをやらない」という話があり、「よその話か」と思ったら、当会の話でもあったわけです。まるで笑い話です。

彼らは私が「これをしなさい」と三回ぐらい言わなければ信じないのです。一回では動きません。「二回ぐらいで先生が忘れてしまったら、もうやらなくてよい」ということを現実に行っていました。

要するに、私が言うことにはお金がかかる場合が多いのです。例えば、「ここに正心館を建てなさい」「もっと海外展開をしなさい」「これの広告を出したほうがよい」などと言うわけですが、それには、お金がかかります。ところが、言うことをきかなければ、お金を使わないで済むのです。

当時の総合本部のトップは、経理的な判断しかできず、「とにかく、収入を上げて、お金を使わないのが経営だ」というようなことを考えていたのです。「年間経費を一円も増やさずに収入だけを上げる」ということを考えているような人がトップにいたため、幹部たちには「投資」と「消費」の違いが分かりませんでした。

例えば、私は、総本山のある宇都宮市に住んでいたときに、東京正心館を建てる計画を立てたのです。それをつくるには二年ぐらいかかりますからね。しかし、幹部たちは、みな、それに反対しました。今から見ると不思議でしょうが、彼らはイマジネーションが本当に悪く、「東京に正心館が要《い》る」ということが分からなかったのです。

幹部たちの判断は、「宇都宮の総本山が開いたばかりなので、ここを十年間ぐらい使い、資金を回収してからでないと、東京には建てられない」というものでした。彼らには私の考えていることが理解できなかったのです。
家内も、あとになってから、「職員の仕事場をつくろうとして、いろいろと建てていたのだ。自分たちが食べていけるようにするため、いろいろなものをつくろうとしていたのだ」と言っていましたが、当時は分かっていませんでしたね。

教団を大きくすることに反対し続けていた理由

B――　要するに、総裁とは、「先の見える期間がかなり違う」ということでしょうか。

大川隆法　ええ。それは全然違うと思いますね。
最近の家内は、どちらかというと、教団を小さくすることばかり、いつも言っていたように見えます。

なぜかというと、自分が跡継《あとつ》ぎになる気持ちを持っていたので、自分が運営できる範囲《はんい》にまで縮めておきたいからです。「自分の代になったら、教団が突如《とつじょ》として崩《くず》れ、小さくなった」ということでは、格好が悪いではないですか。

そのため、私が教団を大きくしようとすることに対して、全部、反対し、「とにかく大黒天信者《だいこくてん》だけが残ればよい。あとは要らない。大黒天だけを抱《かか》えて運営していれば間違いはない」というような考え方でしたね。

また、彼女は、「総裁にあまり数多く講演をされると、自分もしなくてはいけなくなるけれども、これはプレッシャーになるので、講演をあまりしてほしくない。また、自分には大講演会が開けないので、それもしてほしくない」と考えていました。

さらには、私の著書がベストセラーとなることにも反対でした。その理由を聞くと、みなさんは笑ってしまうと思いますが、私にベストセラーを出されると、自分の本が売れないときに困るからです。

そこで、幸福の科学出版の社長を呼びつけ、「ベストセラーを出すな。本を売るな。会員がかわいそうだ」と言って怒《おこ》ったりしていたのです。

聞くと呆《あき》れてしまうようなことですが、「これを百万部も売ろうなんて、けしからん。二十万部以上、売ってはいけない」というような声が教団のなかから出ると、出版社長は参ってしまうでしょう？　しかし、彼女は、そういうことを言うのです。

それは伝道布教の意図とは全然違います。できるだけ多くの人に本を読んでいただかなくてはいけません。宗教にとってそれは当然のことなのですが、自分が本を書いて出したときには、それほど売れないから、そのようなことを言うわけです。

実際、彼女が出した本で、それほど売れた本はありません。三万部か四万部ぐらいしか売れないのですが、自分の本のときに部数が激減するのは嫌《いや》なので、私の本も売れないようにしようと考え、「会員がかわいそうだ」という理由でベストセラーを潰しに入ったこともあったのです。

さらに、彼女は仏法真理塾《ぶっぽうしんりじゅく》「サクセス№1」を無料にしてしまいました。

私は、「サクセス№１を大きくしていくには、ある程度、お布施《ふせ》を頂かないといけない。ただ働きをしているような状態では、組織を大きくできず、赤字だけになる。内容をよくし、一般の塾と変わらないぐらいのレベルになれば、ある程度、お布施を頂いてもよいのではないか」と考えて、一回、立て直しを図ったこともあるのですが、彼女は、極《きわ》めて個人的な事情で、それを潰してしまったのです。

その立て直しをするに当たっては、会議まで開いて計画を練ったのですが、彼女は、「そのメンバーのなかには、うちの子を指導して、受験に失敗させた者が入っているから、けしからん。あんなやつらの仕事なんてナッシングだ。ただにしろ。ただほど安いものはないから、たくさん生徒が来るだろう。『何人来たか』ということだけを成果として見なさい」と言って、その計画を潰してしまいました。

これで、サクセス№１の立て直しが何年か遅《おく》れたのです。

無料であれば、そこで実際に働いている人に対して、要するに、「あなたの仕事は付加価値がゼロです。生んでいる価値はなく、まったくの無駄《むだ》なのです。生徒たちには、来る必要がないのに来てもらっているのです」と言うようなものでしょう。それでは、彼らには生きがいがありません。

私のほうは、普通の塾に行かなくてもいいような、立派な仏法真理塾に変えようとしていたのですが、それを潰されたのです。

このように、彼女から個人的な事情による横槍《よこやり》を入れられたことは多く、本当に困りました。

また、彼女は、教団のなかの者を悪く言い、「外の者がよい」という言い方をよくするので、これにも困りました。自分たちの身内の者を愛さなければ、教団は、よくなりません。今はまだ十分ではなくても、それをよくしていくのが仕事です。「外の者はよいが、なかの者は悪い」と言われたら、やる気がなくなってしまいます。そういうことでは、かなり揉《も》めましたね。

B――　きょう子氏から、「なかの者は全部悪い」という考えを聞いたことは、かなりあります。

大川隆法　長い間、そう言っていましたね。

B——　ただ、「それでは、発展するためのチャレンジがない」と私は思いました。

大川隆法　そうなんですよ。「つくっていく」というところが大事なのです。

A——　外の人にも、先ほど話のあったように、「三万人でよい」と、そればかり言い、教団を小さく小さくしていこうとしていました。

大川隆法　「小さく見せたい」という宗教は実に珍《めずら》しいんですよ。
彼女は、「実は、自分がいなくなってから、教団の信者数が、国内も海外も、どんどん増えている」ということを知らないのだろうと思います。「絶対に増えない。減る一方だ」と断言していたのに、実際には増えているのです。本当に数が増えているのですが、そういうことを見ようとはしません。

要するに、自分の功績でないものは認めないのです。

その「三万」という数字は、当時、当会に巨額《きょがく》な献金《けんきん》をしていた人の数です。しかも、同じ人たちでは必ずしもなく、毎年、入れ替《か》わっていたのですが、彼女は、「そういう人たちだけ残ればよい」という考え方のことを言っていたのだと思います。

そういう考えを持っている人が理事長になったときもあったかもしれませんが、それだけしか見ていないのは、他の活動が見えておらず、活動全体が見えていない証拠《しょうこ》です。

これは、全然、他教団のことを勉強しておらず、宗教がどのようなことをしているかを知らない人の考えであり、宗教としては、ありえない考え方なのです。

どうやら、そういう、わりに初歩の経理的な考え方に立ち、それが経営だと考えられていた期間が長かったですね。

私は在家のときに財務の勉強をしていました。財務には、経理的な経費節減だけを考えるのではなく、会社を発展させるためのお金の使い方を考える仕事が入っており、投資をして会社を大きくしていく考えがあるのです。

しかし、なかには投資と消費の違いが分からない人たちもいて、私とは話が合わないため、どうしようもないところがありました。

彼女の使命は一九九一年で終わっていた

A――　ここ数年、きょう子氏は、いろいろなポジションに就《つ》いては、すぐに替わったり、一度、還俗《げんぞく》になったものの、復活したりもしました。

私どもとしては、「何とか彼女の能力を生かせるものはないか」という、大川総裁のご慈悲《じひ》の表れとして、そういうチャンスが与《あた》えられていたのだろうと理解しているのですが、その点については、いかがでしょうか。

大川隆法　本当は、イエスが霊言で言っていた、「彼女の使命は一九九一年で終わっている」という言葉が、いちばんきついものなのです。

要するに、彼女は撤退戦《てったいせん》として「奥様業《おくさまぎょう》」に戻《もど》ることができなかったわけです。普通なら、そちらに退《ひ》けるのですが、彼女は奥様業を何もしていなかったので、帰るところがありませんでした。あくまでも、そこに退けなかったことが、やはり大きかったと思います。

あとは、「何か小さいところを任せられるかどうか」ということで、いろいろなところをやらせてみたのですが、少しやってみては駄目になることがよくありました。やはり、専門的な知識が足りませんでしたし、努力・精進《しょうじん》をしないので、続かないことが多かったのです。

そのため、彼女の使い道がもうなくなっていて、ブロック以外には仕事がないような状態になってきていました。

A――　「特に一九九〇年代後半から、あまり勉強しなくなった」という話を聞きました。

大川隆法　そうですね。彼女は、もともと暗記がそれほど得意ではないので、あまり頭に量が入らないタイプでした。

私がよく勉強しているので、最初のころは彼女も勉強していました。そのあたりは、まだよかったのです。

しかし、特に、インターネットが流行《はや》り始めたころ、当会にいる女優さんがインターネットを始めたことを夕刊か何かの記事で見て、急に慌《あわ》て出し、自分もやり始めたのです。そして、インターネットで楽天から買い物をすることに、はまってしまいました。

そして、ずっとそればかりやっていて勉強しないものだから、見る見るうちに知力が落ちてきたのです。買い物をしているだけでは賢《かしこ》くならないので、私とは全然話が合わなくなり、相談も何もできないような状態になってきたところがあります。

それと、彼女には、夫の収入も自分の収入と同じだと思っているような面もありましたね。以前は、夫の収入を使い、いろいろな買い物ができたため、それが旨《うま》みだったのでしょうが、今は、それができなくなっているのが面白《おもしろ》くないところでしょう。

弟子《でし》に嫉妬《しっと》する者がマスターではありえない

C――「勉強不足」というお話もあったのですが、「宗教的な認識も欠けているのではないか」と思うことがあります。

例えば、「女性の弟子《でし》が法名《ほうみょう》をいただく」ということは、仏弟子から見れば、素《す》晴《ば》らしいことであり、また、仏陀教団のことを勉強すれば、それは当然のことであるのが分かるはずです。

しかし、それに対して、きょう子氏は、週刊誌などで、「おかしい。許せない」という主張をしています。これも、普通の仏弟子から見れば、勉強不足なだけなのではないかと思うのですが、そのへんについては、どうでしょうか。

大川隆法　不思議ですが、彼女は、「他の女性が出世し、幹部になっていくことに対して、嫉妬する」という心理を持っているのです。

これで、少なくとも彼女がマスターではないことは明らかだと思います。弟子を育てている立場になかったのは明らかでしょう。

力を持った女性が出てくるのが嫌だったのだろうと思います。

その意味では、「教団を家内制手工業的に小さくしておきたい」というのが願いだったのではないでしょうか。

彼女は、経営論については、よく分からなかったのですが、一つだけ分かったのは、「大きくしたら自分の立場が危なくなる」ということでしょう。それだけは分かっていたので、教団を小さくするように動いていたところがあるのかもしれません。

C――　基本的には、女性が成功したり自分よりも外に出ていったりすることに対して、ものすごい危機意識を持っていたのでしょうか。

大川隆法　そう、それが嫌《きら》いだったのでしょう。

男なら自分とは差別化ができるのですが、女性の場合には、そうはいきません。結局、「女王蜂《ばち》の世界のようなものは好きだけれども、ほかの女性も女王蜂になるのは嫌だ」と考えるところがありました。

ただ、自分が女王蜂として先生をするのであれば、勉強、修行を続けなければいけないのですが、それは難しいわけです。そういう面もありましたね。

あとは、やはり「七光り」の部分もそうとうあったのですが、そのへんを自分の力と誤信するようなところがかなりあるので、そういう点が難しかったでしょうか。

彼女がいろいろな失敗をしても、私は、できるだけフォローしてきたのですが、最終的には、会社的に見れば社長業に当たる部分に介入《かいにゅう》しすぎました。

理事長の首を彼女が自分で挿《す》げ替えたりし始めたら、私は困ります。それは、やりすぎなのですが、彼女は、そういうことをしましたし、会の財産的なものにもかなり口出しをして運用させ、迷惑《めいわく》をかけたこともあります。

そのため、「これは、もうそろそろ、どうしても引っ込めないといけない」と感じるものはあったのです。

ところが、交換《こうかん》条件は、いつも同じで、「言うことをきかないと、離婚《りこん》するぞ」という脅《おど》しで来るわけです。

これでは、どこの会社の社長であっても、みな干上がってしまうと思いますよ。例えば、「あの人を部長にするなら、私は離婚する」などと奥さんに言われたら、どこの会社であっても社長は大変でしょう。

そもそも「離婚《りこん》」は、あちらが言い続けていたこと

B―― 今回、週刊誌の記事に出たのは、去年、こちらから提出した離婚《りこん》届なのですが、それ以前は、かなり向こうが……。

大川隆法 そうです。離婚は、私が最初の巡錫《じゅんしゃく》を始めてから、彼女がずっと言い続けていたことなのです。

だから、「もう、いつでもどうぞ。これに判子をついて出せば離婚が成立します。こちらのほうは、もう、いつでもよいので、そちらが離婚したくなったら、そうしてください。私は『信者との約束』のほうを優先するので、それが気に食わないのでしたら、どうぞ好きなようになさってください」ということで、フォームをおつくり申し上げたのです。

何回も、「離婚するか、自殺するか、どちらかをするぞ」と言って脅されたので、

離婚届をつくったのですが、そのように言われるのであれば、私は、彼女が結婚式の前に持ってきた離婚届を、本当に持っておきたかったぐらいです（笑）（会場笑）。
そのとき、彼女は婚約指輪を私のところに返しに来たのです。それを覚えているのですが、「結婚式の前に離婚は成立していました」と言うと、もっとおかしいでしょうね。

Ｂ――　そういう意味で、きょう子氏は、論法として、ご自身については全部を表現せず、こちらのことだけを表現しているように思います。

大川隆法　そうそう、自分に都合がいいように言うんですね。それが賢いと思っているのでしょう。
うちの教団では、人の悪口を言えないし、自分のことを反省したりして、自己保存が下手なので、「頭が悪い」と思っているところがあるのだと思います。

要するに、自分を防衛する能力が高いことを、「賢い」と思っているところがあるわけです。

「切迫早産《せっぱくそうざん》だったのに放っておかれた」というのは本当か

A――　一点、確認させていただきたい点がございます。

先ほどのエドガー・ケイシー様のリーディングの前にも少しお話がありましたが、一九九七年、大川総裁が幕張メッセでご講演会を予定されていて、そのための禅定《ぜんじょう》の時間をきちっと取らなければいけないときに、妊娠中《にんしんちゅう》だった彼女は、病院で自分のそばにずっとついていることを要求しました。

それで、大川総裁が禅定に入られたことについて、まるで、自分を見捨てたかのように週刊誌等で言っていたわけですが、これは、見捨てたのではなく、主がご自分の使命を果たされるために、当然のことをされたのだと思います。

この点については、いかがでございましょうか。

大川隆法　とにかく、「奥さんが妊娠したら、仕事ができなくなる」というのでは、もう、あらゆる職業で、辞表を出さなければいけなくなるのではないでしょうかね。

それでも、出産の当日というなら、まだ少し分かりますが、「妊娠期間中は、行事をしてはならない」とか、「産後の期間は、行事をしてはならない」とか、「出産した翌年は、ご褒美《ほうび》として海外に何回も行かなければいけない」とか、こんな条件がたくさん付いてくるというのは、けっこう厳しいですね。

要するに、仕事については、もう、働かなくても食べていけるように思っているところがあったんだと思うのです。

実際に、彼女がいなくても仕事ができる体制をつくろうと思えばできたのですが、それではプライドが傷つくということでございましょう？　「自分を傷つけた」という言い方をしていますね。

その当時は、宇都宮にいたころだったと思います。自宅から一時間ぐらいかかるところにある病院に入っていたと思うのですが、私は、毎日、通っていたのです。当時、病院には、女性の秘書が毎日ついていましたし、医者をやっていた宗務本部長からも、「先生、もう病院に行かないでください。もう結構です。格好《かっこう》悪いですし、行っても何も変わりません。医学的に、全然、問題はございませんので、あとは待つしかありません」と言われました。

「切迫早産《せっぱくそうざん》だったのに放っておかれた」というような言い方をしていますが、そうではないのです。「子宮口が一センチぐらい開いたけれども、これで出産にはなりません。医学的に見て、出産はありえないので、もう寝《ね》ているしかないんです」ということだったのです。

家内のほうは病院で休んでいるだけなのに、夫のほうも行事をしてはいけないというのは、やはり、かなわないところがありましたね。そのへんのところは、ちょっと、実家のほうの産婦人科と勘違《かんちが》いしているようなところがあったのではないかと思います。

あちらの実家が産婦人科だったのです。入院患者《かんじゃ》が自宅にいて、彼女の父親は、いつもそれを見回るのを仕事にしていたので、そういうものだと勘違いなさっているようなところがありましたね。しかし、私のほうは、毎日、妊婦さんを見回るのが仕事ではないのです。

「ほかに弟子がいますので、先生、みっともないですから、ほどほどにしてください」と言われて、行事をすることにしたのですが、それについても、ずいぶん悪く言われました。まあ、ちょっと過剰《かじょう》に反応しすぎる気《け》はありましたね。

本来であれば、お礼を言うべきところを、逆に責める人なのです。例えば、ほかの人が、自分の代わりに仕事を頑張《がんば》ってやってくれたら、「代わりにやってくれてありがとう」とお礼を言ったり、「迷惑をかけて、すみませんね」などと言うべきところを、逆に責めまくる人なので、普通は、理解しにくい人ですよね。

私は、宇都宮から千葉の幕張メッセまで千葉にも泊《と》まれず往復して講演会をやっても、まだ怒られたぐらいですから、もうかなわないところがあります。一泊《いっぱく》もできずに日帰りをしたので、コンディション調整は、けっこう難しかったのです。
特に、私は霊能者ですのでね。妊婦でも調子が悪くなると、いわゆる霊障《れいしょう》の人と同じような状態になるので、こちらも仕事ができなくなる面が、多少、あったのです。

それで、調子が悪いときには、仕事ができないことがあったのですけれども、ちょっと恨《うら》みがましすぎて、もう、かないませんね。

A――　とにかく、すべて自分中心ですし、自分の側から見たストーリーだけで、いろいろなことを週刊誌に語っています。

大川隆法　今だって、そのように考えていると思いますよ。「自分のプライドをこれだけ傷つけるぐらいなら、もう、教団など、全部潰してしまいたい。総裁など、もう引退してしまったらいい」と、きっと思っていますよ。

そのくらいの人ですので、何と言うか、客観的な目とか、公正な目とか、そういうものがなくて、あくまでも、プライドを護《まも》ることを中心に考えていますよね。

9　全世界の信者に対するメッセージ

A──　それでは、最後に、もう一点だけお伺いいたします。

こうした問題があっても、実際のところ、今も、全世界で信者は増え続けておりますし、また、大川総裁も、今年は、海外巡錫《じゅんしゃく》にいろいろと行かれるご予定になっています。

ある意味では、大悟《たいご》三十周年という節目の年に、こういう問題が起きているのは、何らかの象徴《しょうちょう》なのではないかと私は思っているのですが、その点について、全世界の信者さんに向けてのメッセージをいただけましたら幸いです。

私が巡錫《じゅんしゃく》を始めた理由

大川隆法　私が巡錫を始めた理由は、本当は霊示でも何でもありません。

あれは、確か、二〇〇七年の五月ぐらいだったと思いますが、関西に大阪中央精舎《しょうじゃ》ができたときに視察に行ったことがありました。最初は、向こうの職員とだけ話をして帰るつもりだったのですが、そのときに、「総裁が来ている」という連絡《れんらく》が携帯《けいたい》でバーッと回り、一時間ぐらい職員と話をして出てきたら、ウィークデーなのに二百人も信者が集まっていたのです。

それを見て、「自分は、こんなに仕事をしていなかったのか」と思って、本当に反省しきりでした。その精舎には、十年前に私が関西に来たときの写真がパネルにして飾《かざ》ってあったのですが、「大阪に十年も来ていないのか」と思いましたね。

一九九七年に家内が暴れたあたりから、私のほうは、〝沈黙《ちんもく》の仏陀《ぶっだ》〟に入ってしまったのです。要するに、仕事をして怒《おこ》られるのは、わりに合わないので、〝沈黙の仏陀〟になったのですが、それからもう十年もたってしまったわけです。それで、平日にもかかわらず二百人も集まったのを見て、何だか申し訳ない気持ちでいっぱいになってしまいました。

そのときは、説法の予定がなかったので、「もう、どこでもいいから、体でも服でも何でも触《さわ》ってください」と言って、人垣《ひとがき》のなかを通って行ったのを覚えています。このときに、「やはり、全国の会員さんに一回は会わなければいけないな。会員さんに一回は会いたいな」という気持ちが芽生えました。せっかく信者になったのに、「総裁に一度も会ったことがない」「一度も直接に話を聴《き》いたことがない」というのは、やはり残念なことだろうと思います。

それまでは、「本部で説法のビデオ撮《ど》りをして、それをときどき出していくだけであれば、経営的にもコストがものすごく安く済み、収入だけを生むだろう」ということを思いつき、いったんは、そのようにやっていたこともあるのです。

しかし、「宗教というのは、やはり、そんなものではない。できるだけ多くの人に会わなければいけないのではないか」ということを思ったわけですね。

それで、深く反省するところがあり、巡錫を始めたのです。奥《おく》さんにあまり気兼《きが》ねしすぎたり、「子供の受験や学校の行事があるから」と言ったりするのは、一般《いっぱん》の社会人でも通用しないレベルの話です。

「これでは、宗教家として駄目《だめ》だ。ここは、もう、〝妻不孝〟をしなければ、やはり男として最期を迎《むか》えられない」と思ってやっているわけです。今はまだ、大きな行事もあるので、全部を回り切れていませんが、いちおう、百二十幾《いく》つぐらいまでは支部を回れましたし、海外のほうも回り始めています。

今、起きているトラブルは、単なる甘《あま》えにしかすぎない

やはり、勇気を出してやらなければいけないのです。ネックになっていたのは、家内の部分であることは事実です。こういうことは、経営学的には、法則として何度でも現れることであり、実際に、「外す」以外に方法がないのですが、血縁者《けつえんしゃ》で

あるということで外せずにいたのです。

つまり、経営で言うと、肉親だけでやっているような、個人企業《きぎょう》や零細《れいさい》企業などが、大きくなったあと、経営陣《じん》から肉親を外せないでいるのと同じです。企業の規模が大きくなったときには、やはり、他人である社員のほうがみな偉《えら》くなっていきますが、このときに血縁者を外せないのと同じような現象が当会でも起きているのです。

だから、奥さんだからといって、ずっと副社長を続けられるわけではないのです。当会は、とっくの昔に上場企業の規模を超《こ》えています。したがって、もう能力的に無理は無理なので、控《ひか》えなければいけないところに来ていたと思うのです。これを引っ込《こ》められなかったのは、私のほうの責任です。

今、トラブルが起きていますが、これは、もう、単なる甘《あま》えにしかすぎないんですよ。一言で言って、ただの甘えなんです。普通《ふつう》の弟子《でし》だったら、許されないようなカルチャーになっているはずです。もし、教団の幹部が同じようなことをしたら、即《そく》、一日で処分は決まってしまうところを、奥さんであるということだけで、できないでいたのです。

本来、独《ひと》り神《がみ》もやむなし

あとは、子育てについても、実際には人手をかけて育てたことについて、うまく隠《かく》していたところがありますね。

このへんに関しては、渡部昇一《わたなべしょういち》さんが、とても的確に述べています。

彼は、「キャリア女性として成功した人は、あまり自慢《じまん》しすぎないように気をつけなさい。自分の母親か他の女性が子育ての手伝いをしてくれなければ、仕事で成功することはできなかったはずだから、その部分を隠して、自分の実力でできたように、あまり自慢するのは控えなさい」というようなことを言っていますが、実に慧眼《けいがん》だと思います。

そのあたりの、本来、感謝すべきところについて、まるで悪であるかのような言い方をするのは、よくないことだと思うのです。実際に、自分の代わりに子育てをしてくれた人たちのことを悪く言うのは、やはり、おかしいのではないでしょうか。私はそう思います。

結婚《けっこん》当初から、ちょっとがっかりはしましたけれども、例えば、最初の子を妊娠《にんしん》して、妊娠三カ月と分かったときに、「大きな家と、お手伝いさんを二人よこせ」と、いきなり言ってきたのです。そのときに、「これは大変な人と結婚してしまった」という後悔《こうかい》はすでに始まっていたのですが、結局、信者のみなさんに、ずっと迷惑《めいわく》をかけてしまいました。

本当に非力で申し訳ないと思いますが、教団として、客観的には成果が上がっていると思いますので、何とか、このへんのところを上手に乗り越《こ》してほしいと思うのです。

要するに、常識が足りないのだと思います。例えば、会社が大きくなったら、社員たちは、社長の奥さんに自分の部下であるような言い方をされると、みな腹が立つものなのですが、そういうことさえ分からないところがあるようです。だから、身の引き方というか、潔《いさぎよ》さのところで、ずいぶん難しいものがあると思っています。

私のほうは、もう、それほど執着《しゅうちゃく》があるわけではないのです。できるだけ多くの人たちに真理を届けたいし、組織としての幸福の科学が、できるだけ続いていくような体制をつくっていくことが自分の仕事だと思うので、それができるまでは、向こうのわがままを聞いてやることができないのです。

あちらは、それが我慢できないのでしょうが、まだ、仕事が完成していません。今は、いちばんきつい時期です。特に、去年の二〇一〇年は、私にとってもいちばんきつかった年なのですが、そのいちばんきつかった年に、後ろから銃口《じゅうこう》を向けて、弾丸《だんがん》を撃《う》ってくるような方ですので、まあ、ちょっと、「女性の鏡」とするには申し訳ない人だったかなと思います。

方向が逆なんですよ。自分へのサービスを求めているのです。私からのサービスを求めていて、それが減ったと言って怒っているわけなのです。「宗務本部長以下が悪いために、私がサービスをしなくなった」と言って怒っているのですが、客観的に見て、私が忙《いそが》しいのは分かるはずですけれどもね。

私は、去年あたりから、「宇宙の法」の法門を開いていますが、おそらく、そのあたりで、もう自分の知らない世界に入ってしまったため、その部分を捉《とら》えて、「おかしくなったのだ」と、外部の人が言うようなことを言い、「だから、自分への攻撃《こうげき》もおかしいのだ」ということを言いたいのだろうと思います。

しかし、そんなこととは関係なく、私は真理の探究に入っているだけであり、自分の使命を果たすのみです。

私は、「本来、独《ひと》り神《がみ》もやむなし」と思っていますので、一緒《いっしょ》についてくるのは無理なのだと思います。背伸《せの》びをしすぎているので、一緒にはついてこられないと思うのです。

神様の性格として、「夫婦神《ふうふしん》か、独り神か」ということはありますが、もう、ついてくるのは無理だということなのでしょう。それについてはしかたがありません。

私が向こうに合わせることはできないのです。

「エル・カンターレが地球の光だ」などということは、どうせ否定し、認めないのでしょうが、そういう人が総裁の奥さんだというのでは、信者さんがかわいそうです。やはり、長男が言うように、「けじめ」が要《い》るのではないかと思います。

世間法が立ち入ることは「穢《けが》れ」である

もともと、結婚というのは、宗教が決めるものです。例えば、キリスト教では教会で結婚式を挙げますが、そのように結婚・離婚《りこん》は教会が決めるものですし、神道《しんとう》では、神社で結婚式をやり、結婚したということを認めます。

結婚に関することは、そういう神社仏閣、教会等が行うものであり、裁判所で結婚式を挙げたり、裁判所で離婚式をやったりするわけではありません。裁判所が関係するのは、この世的な役所の手続き上の問題にすぎず、結婚も離婚も、宗教のなかで判断したことで、実は成立しているのだと私は思います。

実際、結婚式は、ほとんど教会でやっているでしょう。あるいは、神社でやっているでしょう。それと同じで、うちも宗教ですから、「夫婦であるか、夫婦でないか」ということについては、宗教団体としての判断を自分たちでできるのであって、裁判所に決めてもらうようなことではないと私は思います。

ここに「世間法」が入ってくるべきではないのです。「世間法」や「マスコミ法」、「週刊誌法」などで決められるようなことではないのです。むしろ、そのようなものが入ってくること自体が、「穢《けが》れ」だと思います。

私は、神様は神様としての神格を持つべきであり、そこに「世間法」が立ち入るべきではないと思うのです。

したがって、「世間法」のほうを使って逆襲《ぎゃくしゅう》してくるというのは、まるで、天上《てんじょう》界《かい》から堕《お》ちたルシフェルの働きのように見えます。

信仰《しんこう》なき者は教団から去るべし

信者のみなさんには、ご迷惑をかけて申し訳ないと思っていますが、「宗教的には、もはや、夫婦ではない」と私は思っております。この世的な手続きが難しいので、いろいろと権利を主張しておりますが、それに迷わされないようにしていただきたいと思います。

やはり、信仰《しんこう》なき者は去るべきです。諸行は無常なので、信仰ある者は集まってくるべきだし、信仰なき者は去ればよいと思います。怨憎会苦《おんぞうえく》や愛別離苦《あいべつりく》などは仏陀時代からの世の常ですので、私は、いにしえの仏陀が歩んだ道を歩むしかないと思っています。

二人して行けないなら、一人にて行くつもりでおりますし、また、新たな協力者もいろいろと出てくるかもしれません。

繰《く》り返しますが、この問題は宗教が独自に判断すべきことであり、裁判所の判断や週刊誌の判断などは関係ないのです。私たち自身が、「これは、真理によって成立したものであるか、そうでないか」ということを判断すべきだと思います。

今は、はっきり言って、よい状態ではありません。「信者を惑《まど》わす罪、和合僧破《わごうそうは》壊《かい》の罪を妻なる立場で犯《おか》すなら、その妻なるものも離別すべし！」ということです。当然、教団のなかにいるべきではないと思います。

仮にも教団施設《しせつ》のなかに住みながら、週刊誌を呼んで教団の悪口を話し、教団攻撃をし、「名誉毀損《めいよきそん》の訴訟《そしょう》を起こす」と言って脅《おど》すなどというのは、当然、教団追放の罪に値《あたい》することです。これは、人間としての信義則にも反していますが、信仰者としては、もはや許しがたい行為《こうい》なので、けじめをつけなければなりません。

これは、今、急に言い出したことではなく、昔から、『仏陀再誕』や『永遠の仏陀』（共に幸福の科学出版刊）をはじめ、いろいろな書籍《しょせき》に書いてあることです。「九十九パーセントの信仰心を持っていたとしても、人生の最後で変節したら、そんなものは何の意味もない」ということを述べています。

そのように、多くの人たちを迷わすような立場にあったならば、やはり、死後の行き先は厳しい所になるということです。私は、これ以上の罪は犯さないでいただきたいと思っています。

私が手加減しているのは、子供たちの母である面もあるので、あまり悪人にはしたくないと思っているからです。それで手加減しているところがあるわけですが、実は、それは私自身の迷いなのかもしれません。普通の弟子であれば、もう、とっくに処断されているところを、これだけ放し飼いにしたため、かえって罪が大きくなっているところがあると思います。

したがって、現在、私は独身です。

A――　今日は、非常に立ち入ったことまでお伺いさせていただき、また、それに対してお答えいただきまして、ありがとうございました。

大川隆法　はい。

Ａ――　この問題の、この世的な処理については、私たち弟子にお任せください。必ず、やり遂《と》げてまいります。

そして、仏弟子一同、地の果てまでも伝道してまいります。

大川隆法　私も命の限り、自分の仕事を全《まっと》うしたいと思っております。私は、やはり、「信者との約束」を守りたいと思っておりますので、倒《たお》れるまで戦います。

Ａ――　本日は、ありがとうございました。

大川隆法　はい。

あとがき

「師弟愛《していあい》」というものがある。

現代の日本人が忘れて久しいものだ。

私は男女を問《と》わず多くの弟子たちを愛している。

日本人だけではない。アメリカにもブラジルにも、韓国や中国などのアジアの諸国にも、インド、ネパール、スリランカや、ウガンダをはじめとするアフリカの諸国、オセアニアにも、私の愛する弟子たちがたくさんいる。

私がまだその姿を見ず、その名を知らず、話したことすらないのに、「主《しゅ》を愛します。」と日々唱《とな》えている人々がいる。

私もまた応《こた》えよう。あなたがたの師もまた「弟子を深く深く愛している」と。それは夫婦愛《ふうふあい》や家族愛《かぞくあい》をも超えた「聖なる絆《きずな》」である。

二〇一一年　二月二十四日

幸福《こうふく》の科学《かがく》グループ創始者兼総裁《そうししゃけんそうさい》

大川隆法《おおかわりゅうほう》

『現代の法難①』大川隆法著作参考文献

『霊界散歩』（幸福の科学出版刊）
『愛は風の如く』（全四巻、同右）
『仏陀再誕』（同右）
『永遠の仏陀』（同右）

現代《げんだい》の法難《ほうなん》① ――愛別離苦《あいべつりく》――

2011年3月17日　初版第1刷
2011年3月23日　第2刷

著　者　大《おお》　川《かわ》　隆《りゅう》　法《ほう》

発行所　幸福の科学出版株式会社

〒142-0041 東京都品川区戸越1丁目6番7号
TEL(03)6384-3777
http://www.irhpress.co.jp/

印刷・製本　株式会社 堀内印刷所

ISBN978-4-86395-107-5 C0014
Illustration: 水谷嘉孝

大川隆法 最新刊・法シリーズ

教育の法

法シリーズ
最新刊

信仰と実学の間で

深刻ないじめの問題の実態と解決法や、尊敬される教師の条件、親が信頼できる学校のあり方など、教育を再生させる方法が示される。日本の教育に疑問を持つ、すべての人々に捧げる一冊。

第1章　教育再生
第2章　いじめ問題解決のために
第3章　宗教的教育の目指すもの
第4章　教育の理想について
第5章　信仰と教育について

1,800円

救世の法

法シリーズ
16作目

信仰と未来社会

信仰を持つことの功徳や、民族・宗教対立を終わらせる考え方など、人類への希望が示される。地球神の説くほんとうの「救い」とは——。あなたと世界の未来がここにある。

第1章　宗教のすすめ
第2章　導きの光について
第3章　豊かな心を形成する
第4章　宗教国家の条件
第5章　信仰と未来社会
第6章　フォーキャスト（Forecast）

1,800円

※表示価格は本体価格（税別）です。

大川隆法ベストセラーズ・あらゆる宗教の壁を越えて

真実への目覚め

海外17カ国語で
発刊予定

幸福の科学《ハッピー・サイエンス》入門

2010年11月、ブラジルで行われた計5回におよぶ講演と、その質疑応答が、待望の書籍化！　いま、ワールド・ティーチャーは、世界に語りはじめた。

第1章　神秘の力について
第2章　常勝《じょうしょう》思考の力
第3章　幸福への道
第4章　真実への目覚め
第5章　愛と天使の働き
第6章　ブラジル人信者との対話

1,500円

愛と悟り、文明の変転、そして未来史――現代の聖典「基本三法」

法体系
太陽の法
エル・カンターレへの道

時間論
黄金の法
エル・カンターレの歴史観

空間論
永遠の法
エル・カンターレの世界観

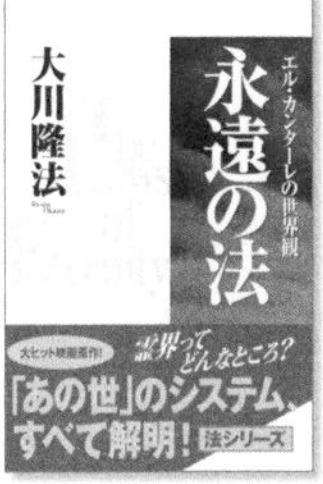

幸福の科学出版

大川隆法ベストセラーズ・霊言シリーズ

もしドラッカーが
日本の総理ならどうするか？

公開霊言
マネジメントの父による国家再生プラン

問題山積みの日本を救う総理の条件とは
何か。マネジメントの父・ドラッカーとの
奇跡の対話を収録。

Chapter1 日本の政治に企業家的発想を
Chapter2 未来社会の創出へのヒント
Chapter3 今、日本の外交にいちばん必要なこと
【発行：ＨＳ政経塾】

1,300円

女性リーダー入門

卑弥呼・光明皇后が贈る、
現代女性たちへのアドバイス

自己実現の先にある理想の生き方につ
いて、日本の歴史のなかでも名高い女性
リーダーからのアドバイス。

第１章　女性リーダーのあるべき姿　**〈卑弥呼〉**
女性の特質を生かしたリーダー像とは
リーダーの条件は「未来が見えること」　ほか
第２章　男女のパートナーシップについて　**〈光明皇后〉**
大仏建立は為政者の強い信仰心を示したもの
現代夫婦のパートナーシップに関する知恵　ほか

1,200円

幸福の科学グループのご案内

宗教、教育、政治、出版などの活動を通じて、地球的ユートピアの実現を目指しています。

宗教法人　幸福の科学

一九八六年に立宗。一九九一年に宗教法人格を取得。信仰の対象は、地球系霊団の最高大霊、主エル・カンターレ。世界約八十カ国に信者を持ち、全人類救済という尊い使命のもと、信者は、「愛」と「悟り」と「ユートピア建設」の教えの実践、伝道に励んでいます。

（二〇一一年一月現在）

愛

幸福の科学の「愛」とは、与える愛です。これは、仏教の慈悲や布施の精神と同じことです。信者は、仏法真理をお伝えすることを通して、多くの方に幸福な人生を送っていただくための活動に励んでいます。

悟り

「悟り」とは、自らが仏の子であることを知るということです。教学《きょうがく》や精神統一によって心を磨き、智慧《ちえ》を得て悩みを解決すると共に、天使・菩薩の境地を目指し、より多くの人を救える力を身につけていきます。

ユートピア建設

私たち人間は、地上に理想世界を建設するという尊い使命を持って生まれてきています。社会の悪を押しとどめ、善を推し進めるために、信者はさまざまな活動に積極的に参加しています。

国内外の世界で貧困や災害、心の病で苦しんでいる人々に対しては、現地メンバーや支援団体と連携して、物心両面に渡り、あらゆる手段で手を差し伸べています。

年間３万人を超える自殺者を減らすため、全国各地で街頭キャンペーンを展開しています。

ホームページ
http://www.withyou-hs.net/

ヘレン・ケラーを理想として活動する、ハンディキャップを持つ方とボランティアの会です。視聴覚障害者、肢体不自由な方々に仏法真理を学んでいただくための、さまざまなサポートをしています。

ホームページ
http://www.helen-hs.net/

INFORMATION

お近くの精舎・支部・拠点など、お問い合わせは、こちらまで！

幸福の科学サービスセンター

TEL. **03-5793-1727**（受付時間 火〜金：10〜20時／土・日：10〜18時）

ホームページ **http://www.happy-science.jp/**

教育

学校法人 幸福の科学学園

幸福の科学学園中学校・高等学校は、幸福の科学の教育理念のもとにつくられた学校です。人間にとって最も大切な宗教教育の導入を通じて精神性を高めながら、ユートピア建設に貢献する人材輩出を目指しています。

幸福の科学学園
中学校・高等学校（男女共学・全寮制）
2010年4月開校・栃木県那須郡

TEL 0287-75-7777
ホームページ
http://www.happy-science.ac.jp/

関西校（2013年4月開校予定・滋賀県）
幸福の科学大学（2016年開学予定）

仏法真理塾「サクセスNo.1」

小・中・高校生が、信仰教育を基礎にしながら、「勉強も『心の修行』」と考えて学んでいます。

TEL 03-5750-0747（東京本校）

不登校児支援スクール「ネバー・マインド」

心の面からのアプローチを重視して、不登校の子供たちを支援しています。

NPO 活動支援

学校からのいじめ追放を目指し、さまざまな社会提言をしています。また、各地でのシンポジウムや学校への啓発ポスター掲示等に取り組むNPO「いじめから子供を守ろう！ネットワーク」を支援しています。

ホームページ **http://mamoro.org/**
ブログ **http://mamoro.blog86.fc2.com/**
相談窓口 **TEL.03-5719-2170**

政治

幸福実現党

内憂外患《ないゆうがいかん》の国難に立ち向かうべく、二〇〇九年五月に幸福実現党を立党しました。創立者である大川隆法党名誉総裁の精神的指導のもと、宗教だけでは解決できない問題に取り組み、幸福を具体化するための力になっています。

党員の機関紙
「幸福実現News」

TEL 03-3535-3777
ホームページ
http://www.hr-party.jp/

出版 メディア 事業

幸福の科学出版

大川隆法総裁の仏法真理の書を中心に、ビジネス、自己啓発、小説など、さまざまなジャンルの書籍・雑誌を出版しています。他にも、映画事業、文学・学術発展のための振興事業、テレビ・ラジオ番組の提供など、幸福の科学文化を広げる事業を行っています。

TEL 03-6384-3777
ホームページ
http://www.irhpress.co.jp/

入会のご案内

あなたも、幸福の科学に集い、ほんとうの幸福を見つけてみませんか？

幸福の科学では、大川隆法総裁が説く仏法真理をもとに、「どうすれば幸福になれるのか、また、他の人を幸福にできるのか」を学び、実践しています。

入会

大川隆法総裁の教えを学ぼうとする方なら、どなたでも入会できます。入会された方には、『入会版「正心法語」』が授与されます。（入会の奉納は1,000円目安です）

三帰《さんき》誓願《せいがん》

仏弟子としてさらに信仰を深めたい方は、仏・法・僧の三宝への帰依を誓う「三帰誓願式」を受けることができます。三帰誓願者には、『仏説・正心法語』『祈願文①』『祈願文②』『エル・カンターレへの祈り』が授与されます。

植福《しょくふく》の会

植福は、ユートピア建設のために、自分の富を差し出す尊い布施の行為です。布施の機会として、毎月1口1,000円からお申込みいただける、「植福の会」がございます。

「植福の会」に参加された方のうちご希望の方には、幸福の科学の小冊子（毎月1回）をお送りいたします。詳しくは、下記の電話番号までお問合せいただくか、公式ホームページをご確認ください。

月刊「幸福の科学」

ザ・伝道

ヤング・ブッダ

ヘルメス・エンゼルズ

幸福の科学サービスセンター
TEL. **03-5793-1727**（受付時間 火～金：10～20時／土・日：10～18時）
メール **service@kofuku-no-kagaku.or.jp**
ホームページ **http://www.happy-science.jp/**